THE BIG SHOW

edited by Wim Peeters

published by NICC, Antwerp

A CONGO CHRONICLE – A MAN OF MERCY
TSHIBUMBA KANDA MATULU and W. EUGENE SMITH

HEALING
CARLA AROCHA, JOSEPH BEUYS, GUILLAUME BIJL, ISAAC CARLOS, ADE DARMAWAN, TATJANA DOLL, STAN DOUGLAS, MARCEL DUCHAMP, PETER FISCHLI & DAVID WEISS, RODNEY GRAHAM, GESINE GRUNDMANN, GUTAI, KARIN HANSSEN, KATARZYNA JÓZEFOWICZ, DANIELA KEISER, KERRY JAMES MARSHALL, BORIS MIKHAILOV, ADRIAN PIPER, GERT ROBIJNS, ANDREAS SLOMINSKI, HIROSHI SUGIMOTO, TSHIBUMBA KANDA MATULU, LAWRENCE WEINER, and JIRO YOSHIHARA

DEMONSTRATION ROOM: IDEAL HOUSE
FRANCIS ALŸS, CARLA AROCHA, ANNA BEST, STEFAN BRUGGEMANN, MARIANA BUNIMOV, MINERVA CUEVAS, LUC DELEU, STAN DOUGLAS, JOSÉ GABRIEL FERNÁNDEZ, ALICIA FRAMIS, CARLOS GARAICOA, ALEXANDER GERDEL, LIAM GILLICK, DAN GRAHAM, JEANNE VAN HEESWIJK, JOSÉ ANTONIO HERNÁNDEZ-DIEZ, PROYECTO INCIDENTAL, GABRIEL KURI, ATELIER VAN LIESHOUT, DIANA LÓPEZ, MAURICIO LUPINI, RITA McBRIDE, CARLOS JULIO MOLINA, ERNESTO NETO, CLAUDIO PERNA, PAUL RAMIREZ-JONAS, TOM SACHS, KARIN SCHNEIDER, JAVIER TÉLLEZ, and SERGIO VEGA

text contributions by MARIUS BABIAS, JESUS FUENMAYOR, JULIETA ELENA GONZÁLEZ, WIM PEETERS, and GERRIT VERMEIREN

COLOPHON

Edited by Wim Peeters
Editorial Coordination: Anne Judong
Designed by Kim Beirnaert
Translations by Carla Arocha, Anne Judong, Don Mader, Wim Peeters
and Win Van den Abbeele
Printed by Die Keure, Bruges
With special thanks to Filiep Tacq

ISBN 90-76884-02-1
D/2002/9097/001
Edition: 1500

© 2002 Wim Peeters and NICC, Antwerp

Distributed by

NICC – New International Cultural Center
Pourbusstraat 5
B-2000 Antwerp
Belgium
P: + 32 3 216 07 71
F: + 32 3 216 07 80
E: nicc@skynet.be

Cover: poster THE BIG SHOW, 2001
© Images: Museum for African Art, New York; the heirs of W. Eugene Smith; Ashiya City
Museum of Art and History, Ashiya; Liam Gillick, Jesus Fuenmayor and Julieta Elena González

And what is this bag you painted here?
Yes
That is what they have at airports,
Yes
To indicate
Yes
The wind
The direction from which it comes.

The history of Zaire as painted and told by Tshibumba Kanda Matulu,
in conversation with Johannes Fabian, 1974*

Johannes Fabian, *Remembering the Present. Painting and Popular History in Zaire*
(Berkeley: University of California Press, 1996).

Introduction

Wim Peeters

With three separate presentations, over the course of 2001 THE BIG SHOW offered a critical and — most important — challenging framework for approaching vital themes such as exoticism, political correctness, collective memory, alterity and utopia in a demanding way. THE BIG SHOW is unavoidably a part of the climate of post-colonial and global cultural interests, without identifying itself totally with them. Rather the series of exhibitions presented form a searching interrogation of the ways in which decolonization, globalization and representation can be seen in the context of a wider debate surrounding cultural production and representation, without thereby having to lead to an iconoclasm of the center of image production.

Against every expectation, the ever more urgent confrontation with a colonial past as a question of complicity and guilt for the Western museal, political and academic world — a confrontation which is more than ever taken as self-evident — but also the transition from communism to post-communism are cropping up in the public domain as an exoticizing collective memory. The ways in which this manifests itself, in the desire for historical restoration, as paternalistic inheritance, through the commodification of the other in an "Art Festival" sphere, are unequivocal and problematic. To the extent that this situation can be generalized and translated, it appears to call into being various realities that demand that all unidirectional perspectives be abandoned.

More than one exhibition has been built upon this last consideration in recent years; apparently from nothing, a kaleidoscopic image of the world surrounding us has arisen. In concrete terms, this evolution led to a rising presence of non-Western artists in biennials and theme exhibitions, and to a growing series of local and international initiatives that emulate the model of the biennial for contemporary art and that, supported by international art magzines, are chiefly oriented to a Western public. Both evolutions are generally acknowledged as indications of the scaling up that is moving ahead culturally on a world level. Behind the facade of the politically correct exhibition model, for the last decades the biennial for contemporary art and the large-scale exhibition however have been the cover under which the exotic as the mirror of Western narratives and desires — as critique from outside — could be reintroduced into a Western valorized field of cultural commodities and ideas. A fundamental critique from outside seemed to lead no further than a symbolic and often market-oriented openness with regard to the exogenous, as a veiled self-examination of the protectionism of Western social forms.

THE BIG SHOW appears at a moment at which there is need for critical and innovative projects around both Western and non-Western art and their mutual relationships, the modalities of showing them, and their discursive interpretation. In Belgium, on the cultural level the announced change in course by the Royal Museum for Central Africa in Tervuren and the conflict of interests that developed around it, and on the political level the investigation that is being conducted by the Lumumba Commission, can be cited as latent matrices for this. Internationally, in the run-up to *Documenta 11* and other events a theoretical debate developed in which neutrality, alterity and inclusivity could come into the spotlight. Ethically, these terms formed the only conceivable alternative for a Western, exclusive model that embodies the reigning mechanisms for admission and meaning, socially, geopolitically and in the practice of exhibitions. As "selective" preference for the local, over the last decades this development however has led to an overvaluing of the concept of periphery and national heritage as dissident or disruptive forces at the world level, and so to an ideological narrowing of critical exhibition practice and of critical academic and political investigation. In this context, THE BIG SHOW does not want to limit itself to an investigation of contemporary art and post-colonial or global identity. Rather, the proposed series of presentations is an open interrogation of the manner in which the recent turnabout in center/periphery thinking in Western cultural and political institutions really marks a mental decolonization. On the psychological level THE BIG SHOW asks the question of cultural representation and the social mechanisms of democratization to which these themes seem to be connected through concepts such as *Wiedergutmachung*, memory and utopia.

As an exhibition, THE BIG SHOW is first of all a visual investigation into the manner in which the themes sketched above present themselves in a concrete situation where works are brought together. From this perspective, the exhibition chose artists who are in touch somehow from a distance with the debate on globalization and its symptoms, rather than those who consciously opt for it as a theme. On a second level, investigation is carried out into what feeds the issues, where they come from, that is, what performative demands are placed on art today within the context of a discourse regarding globalization, and by what economic imperatives it is supported, in order to end up — perhaps not entirely unexpectedly — with a succinct cultural logic of late modernism (*On the Logic of Cultural Globalism*; Marius Babias) and the manner in which this distinguishes itself from older and, for the sake of ideological arguments, more definable forms of cultural production and circulation such as modernism, colonialism, and so forth. One possible formulation of the problem within this perspective would be as follows: What direction should the cultural apparatus go in order to hold back the increase in scale in art from a postmodern hybrid situation that lends itself to commodification before the fact? And is the ultimate task of art merely to escape from this commodification? Beyond each romanticizing of the concept of alterity the question can be asked, was it not precisely this romanticizing that was central, and the manner in which it allowed itself to be taken up in an economy of utopias and desires?
Tracing globalization as an idea, or at least the manner in which it manifests itself, in part back to the West in this way is a very highly charged, but also very critical project.

It can be successful to the degree in which it contributes to a wider perspective, to a fuller understanding of the implications that pile up through enlargement of scale politically, economically and mentally, of how from the Western parts this has caused a reversal in the center/periphery distinction. A more accurate representation of non-Western art in an inclusive model is in this sense all too often mistakenly seen as a more radical evolution that is taking place on individual and collective levels. Globalization as inside/outside reversal and as a form of mental decolonization can in this sense not be investigated without drawing connections with concepts such as collective memory or exoticizing, utopia and dystopia, and the manner in which these function in the institutional centers itself.

In three sections, THE BIG SHOW examines how as undercurrents over the past decades notions such as guilt and restoration, and utopia and dystopia have had a part in steering not only cultural politics, but also, indirectly, the content of the artistic agenda, and how notions such as exoticism, originality or irremediableness function as subject matter and intention to provide orientation in a wider field of images and meanings which, all in all, stands apart from an international metamorphosis and from a structural change in the balance in global relationships. On a wider level THE BIG SHOW investigates how something like exoticism, or a colonial past, is experienced and perceived in the West today from a collective image, rather than minimalizing its role by applying a sort of neutral perspectivistic vanishing point.

In order not to limit globalization as a discourse to an ideological critique of Western institutions and their exclusion mechanisms, THE BIG SHOW chooses to approach globalization itself indirectly as a Western idea, from three different directions:

A CONGO CHRONICLE — A MAN OF MERCY

The first path is historical, and illuminates globalization as a problematic, post-colonial mentality on the basis of two specific series of images. *A Congo Chronicle* is a painted history of the Congo which originated in the years 1960–70, by Tshibumba Kanda Matulu, among others. *A Man of Mercy* is a 1954 photo reportage by W. Eugene Smith concerning Albert Schweitzer's hospital in French Equatorial Africa. Bringing together the two groups of images in the context of THE BIG SHOW functions on a number of disparate levels. *A Congo Chronicle — A Man of Mercy* restructures the question toward numerical exclusion mechanisms, toward a question of meaning and context, and the manner in which the exhibition is, or can be a privileged medium within it. A new investigation into the phenomenon of exoticism as an intentional given, and how it refuses to limit itself to a stylistic quality, is thus placed on the agenda, as a fault line between a post-colonial declaration of intention and mental decolonization. *A Congo Chronicle — A Man of Mercy* offers anything but an accurate image of a colonial past, although all the ingredients for it are present — that is, all elements for its dramatization are on hand: a suppressed independence struggle, political intrigue, ideological and economic domination and distance in time. In order to avoid the risk of falling prey to this dramatization, we will take its mechanisms as our subject matter. In February, 1961, Patrice Emery Lumumba, at that moment the prime minister of the Democratic Republic of the Congo is murdered. This historic murder still smolders today. In Belgium it is being taken up by a post-colonial investigatory body that was established by the government. THE BIG SHOW is no investigation into the accuracy of this official historical reconstruction, but chiefly intends to be an exploration of the climate in which that research was desirable, credible and necessary. In this sense the focus on the historical figure of Lumumba in the opening exhibition is rather an interrogation of the post-colonial conscience, not so as to arrive at a separation of what clearly belongs to the domain of fiction and what certainly does not, but to lead to an insight into how this conscience conducts itself in confrontation with its own selectivity and dramaturgy. With regard to the figure of Albert Schweitzer as the product of a late-colonial ideological climate, a similar analysis can be made. At present W. Eugene Smith's photo reportage concerning the "white father" of Lambarene sets another imagination to work, one in which, if guided by the right means, the iconic image appears in relation to amnesia and aphasia, romanticism and the failure of monumentality.

One could ask if what is happening in the West as post-colonial spectacle also can contain a stimulus for a dialogue with more distant corners of the world, adapted for today's circumstances, when it excludes dealings with the West's own past in a decentralized and dehierarchized perspective. On the other hand, it is also a valid question whether perhaps the resources in the West that are invested in symbolic rehabilitation by Western institutions are not too much concentrated on their own efforts in the process, and on their own audience. Such intentional imbalance is of fundamental importance in our understanding of cultural globalization and the manner in which in the Western hemisphere it is linked with politics and cultural politics.

HEALING

An investigation into what globalization as a Western idea comprehends on a wider plane apparently cannot proceed without singling out a number of traumas of Western society, and the manner in which they are today to a greater or lesser extent translated into a "culture of display," the field of cultural platforms. *Healing* is an exhibition that investigates the functions of these forums: how they can be transformed from a "culture of display" (the place where "the other" is shown) into a zone where interaction, conflict and meanings span the distance and isolation mechanisms of exhibition. The position of *Healing* is one of making no judgements; it simulates the collection of all the elements on the basis of which a collective memory could be reconstructed, in order in particular to arrive at these traumas that play a role in our cultural definition of the concept of global-ization. The past decades not only have provided the stage on which Europe's "other" could appear, but also internally lent themselves to being redefined in a series of exhibitions in which the former Eastern Block by turns was the projection screen for alternative social structures and a dystopia for degenerate forms of capitalism. In this perspective, a comparison with Mike Davis's study regarding Los Angeles, *City of Quartz*, is particu-larly relevant. Davis' research into demography, urban planning, internalization and the translation of these into the domain of fiction in blockbusters such as *Blade Runner* (but also the literature of Thomas Mann) provides a methodology that permits both the urban centers and the new cultural platforms that are developing there, and the manner in which they seek to link up with a network no longer constructed on a national basis, to be inves-tigated as the dominant cultural dramaturgy.

Healing makes room for an investigation into the exotic and memory in relation to the concept of alterity, and the manner in which the West exoticizes itself in order from that position to cast another light on how it produces an "outside" for itself. How is it possible that a specific construction or production of the local constitutes the cultural mainstream of the West? That a romantic construction of the local or national heritage is overvalued as a dissident force at world scale? How, finally, can this evolution be related to the ethical rearrangement of economic and political relationships at the global level?
From concretely bringing works together, *Healing* goes in search of how the work of some twenty artists unambiguously but indirectly touches a number of themes which function as the central issues in a debate concerning globalization, and the ways in which new direc-tions can be plotted in that field of cultural significance, from what currently is identified with the institutional center. In this manner *Healing* avoids a post-national or post-colonial concept of identity in order to illuminate those elements themselves which would be able to control or curb such a definition. In a similar manner *Healing* investigates the concept of historicity: the post-historical condition of the "third space" — the devaluation and revaluation of cultural symbols — will be found precisely at those points where it enters the center not as post-historic condition, but as the institutionalization of the periphery.

More generally, *Healing* poses the question of whether it is not the role of the exhibition to resist this first cultural-political commodification, the instrumentalization of the cultural, which some time ago took the place of economic commodification. In this sense the recent flight away from exhibitions, away from the object or image, on the one hand into a discursive rostrum and on the other hand into a kaleidoscopic vanishing point or a procedural nomadism of meanings, is a flight into commodification by adopting its strate-gies; it is heralded by an iconoclasm of the center as a field of meaning, by concentra-tion on its borders and the outline of the institutional center rather than its functions and significance as a symbolic field. Exhibition activity in the past years has to a great degree focused on such definition, and in this sense introduces an extreme regression that can only lead to a new romanticization of the artist's calling as nomad of knowledge. *Healing* distances itself from this option in order to investigate it on the basis of a concrete assemblage of works, in relation to concepts such as collective memory, *Wiedergutmachung*, alterity and exoticism, aphasia, amnesia, displacement and an economy of desire, in relation to the economy of images (i.e., in relation to possible meanings and possible contexts) in which it is situated.

DEMONSTRATION ROOM: IDEAL HOUSE

In the third section THE BIG SHOW goes in search of directions in which utopia and dystopia are uncoupled from concepts such as alterity and exoticism, so that from architecture and modernism they can seek connections with a changed concept of reality and the evolutionary potential which is present there, in actuality or rhetorically.
The premise on which *Demonstration Room: Ideal House* is based is theoretical to the extent that it, like El Lissitsky's model for the *Demonstration Room* at the *Große Berliner Kunstausstellung* (1923), strives to eliminate the distinction between the work and the space in which it is shown. To carry that idea through to its logical conclusion, this space for exhibition — the *Demonstrationsraum* — would need simply be expanded to the context in which the artwork is situated, in an attempt to eliminate the cultural differences involved in any specific context in which it is temporarily situated. The utopian slant of the project, which grows exponentially in this manner, both in relation to the specific Latin American context and with regard to other utopian movements elsewhere, is nourished by a fascination with the contrast between utopian assumptions surrounding progress and the urban experience in Latin America. That comparison led to one of the pillars of the project: the similarities between the contemporary dream city and what has grown out of the spontaneous architecture of the favelas in the second half of the twentieth century. With this, on the one side the project enters into a perpetual dialectic of utopia (*Demonstration Room: Ideal House*; Jesus Fuenmayor); on the other side, an investigation is launched into the contextual freedom of contemporary artistic and curatorial practice (*Curatorial Practice and the Work of Art in the "Age of Revolution"*; Julieta Elena González). In a synthesis of these two formulations of the question, the house is once again centrally located as an experimental space, but rather than taxing architects with the design of the ideal house this task is entrusted to artists.

To the degree that *Demonstration Room: Ideal House* departs from the elimination of a distinction between art and context, a distinction that is maintained in both *A Man of Mercy — A Congo Chronicle* and *Healing*, the three projects are not diametrically opposed to one another, as though they departed from ideologically incompatible premises. THE BIG SHOW itself shifts this flexibility of the project vs. object opposition, documentary exhibition vs. integrated project, to an imbrication in time dominated by an investigation into interfaces between center and periphery, art and visual culture. THE BIG SHOW occupies the middle ground between the biennial for contemporary art, the in-situ project, the museum for contemporary art, the ethnographic museum and the project space, in an investigation of the points of contact between the various interests that arise out of each of these.

A Congo Chronicle — A Man of Mercy, *Healing* and *Demonstration Room: Ideal House* ran successively from mid-April to the end of November 2001 as three separate presentations in the space of the NICC in Antwerp.

Installation view *The Big Show: A Congo Chronicle — A Man of Mercy*, NICC Antwerp (2001)

At a moment when Belgium, in the form of the parliamentary Lumumba Commission, is venturing into the stubborn cloud that surrounds its own colonial past, the NICC in Antwerp is presenting a series of paintings in which the figure of Patrice E. Lumumba is central. Lumumba raced through Congolese political life like a comet during the former Belgian colony's independence process. Very early Lumumba acquired the status of a folk hero, a status made permanent by his sharp address during the independence ceremonies on June 30, 1960, in which he denounced Belgian colonial imperialism and wiped the floor with the paternalistic speech of the then king, Baudouin. Lumumba was prime minister of the independent Congo, but several months after his appointment was dismissed by President Joseph Kasa Vubu. Kasa Vubu's attempt at a political elimination, supported and in part orchestrated by Belgium and the West, which wished to protect their political and economic interests, did not have the hoped for effect. Lumumba retained wide support at the local political level and among the population at large. As a direct consequence of the power structures during the Cold War and of constant Belgian meddling and sabotage in the Congo, on January 17, 1961, Lumumba was murdered after being tortured for hours. In the memory of the Congolese people Lumumba grew into a martyr for independence and a symbol for freedom and pan-African consciousness. It is this image of Lumumba which appears in the paintings which have been brought together under the title *A Congo Chronicle*. The works come from the urban society which developed around the copper mines of the industrial Katanga region (Shaba) in the Congo. In the poor workers' neighborhoods painters are active, who through their work keep the memories of the ancestors, the colonial past, the struggle for independence and Lumumba alive. All the paintings included in *A Congo Chronicle* date from after the declaration of independence.

A Congo Chronicle: Patrice Lumumba in Urban Art was put together in 1999 and presented by the Museum for African Art in New York.[1] It is remarkable that it should have happened there, in view of the fact that a considerable part of the work shown comes from Belgian private collections, and

A CONGO CHRONICLE
A MAN OF MERCY

Lumumba en prison sous garde d'un militaire congolais [Lumumba in prison under guard of the Congolese military], ca. 1980
Tinda Lwimba
Oil on cotton – 51,5 x 38 cm

1.
The exhibition was conceived by Bogumil Jewsiewicki. In conjunction with the exhibition, a book was published: *A Congo Chronicle: Patrice Lumumba in Urban Art* (New York: Museum for African Art, 1999).

Portrait of a Man
Artist unknown
Oil on fabric – 47 x 42 cm

particularly because such a presentation would not have been out of place in the announced reprofiling of the strongly anachronistic Royal Museum for Central Africa in Tervuren. In Belgium *A Congo Chronicle* is unavoidably linked with a question of cultural and political culpability. With the parliamentary investigative committee looking into the responsibility of the then Belgian government and royal house for Lumumba's murder, it would appear that presently Lumumba must function as a pars pro toto in an historical, colonial examination of conscience, but at least the colonial era is no longer an exotic memory, accompanied by an interior design style. Now that Belgium is awakening partially from this process of mental repression, the mechanism of exoticizing collective memory is revealing itself. In order to lay bare the anatomy of the way these mental images are formed, and of Western collective memory surrounding colonial history, it is necessary to confront *A Congo Chronicle* with a second series of images.

A Man of Mercy collects a selection of photographs that W. Eugene Smith was commissioned by *Life* magazine to make of Albert Schweitzer and his colonial mission in French Equatorial Africa (presently Gabon). Out of a deep admiration for Schweitzer's life and work, in 1954 Smith went to Lambarene, where the great benefactor was coordinating the construction of his famous leper village. Schweitzer, then already 80, was a symbol of the good deeds (in the areas of infrastructure, education, health care, and so forth) that a passive but powerful colonialism could bring for the local population. In the context of an approaching independence struggle the type of Albert Schweitzer — the white doctor — would serve the colonializing communities as a last excuse for white imperialism. Although he was a theologian, minister, philosopher, musicologist and famous Bach interpreter, his name remains primarily associated with his activities as a healer in the hospital project in Lambarene. Schweitzer embodied the image of the colonial as a caring, just and necessarily strict father figure. For his life-long efforts and especially for his humane ideas, Schweitzer received the Nobel Peace Prize in 1952. When Smith arrived in Lambarene in 1954, Schweitzer, as a late incarnation of *homo universalis*, had already been described many times as one of the greatest men of the twentieth century. He had rather the status of a living saint, an image that Smith would have been glad to confirm. Once there Smith's sincere admiration however evaporated, overshadowed by a sense of indignation at Schweitzer's high-handed attitude in the leper village. His conduct toward the workers (usually the non-bedridden patients in the hospital) was authoritarian and impatient. He ruled over his village — the rigid planning and utilitarian architecture of which reflected his own character — like a despot. Smith was confronted with the problem that he had almost no choice except to photograph Schweitzer as his audience expected. Gradually, however, Smith went in search of a strategy with which he could depict Schweitzer in his contradictory qualities and characteristics. In his attempt to visualize the paradox of Schweitzer, Smith created a photographic document in which he reflected on the image-forming mechanism itself.

As the first section of the three-part exhibition cycle THE BIG SHOW, the confrontation of *A Congo Chronicle* and *A Man of Mercy* forms an historical introduction to the umbrella theme of globalization. The process of globalization, as a rather abstract and somewhat over-simplified cipher for a tangle of international and intercontinental economic and political developments, reveals a post-colonial trauma that problematizes the apparently evolving relationship with "the other." Exoticism and "political correctness" as maneuvers for avoiding the irreparability of an historical situation, externalize themselves in the cultural field by inclusion and appropriating "otherness." The whole of THE BIG SHOW is concerned with the ambiguity of the motives of a Western, economically strong "mainstream" that deliberately seeks the periphery. Against the background of the growth in scale of exhibition events — the exponential rise in the number of internationally oriented art festivals — and the increasing representation of non-Western artists in an art circuit dominated by the West, in its first section THE BIG SHOW investigates the role of collective memory in shaping images of the colonial past. The confrontation between the two series of images reveals the potentially contradictory relation between the shaping of mental images and depiction, a sense of guilt and exoticism, reality and memory, historicity and immediacy.

Lumumba arriving in Elisabethville (Torment)
Burozi (signed Tshibumba)
Oil on fabric – 32 x 57 cm

Le Congo est en trouble a cause de cet homme de Lumumba. Arretons-le. [Congo is in trouble because of this man, Lumumba. Arrest him.]
Burozi (signed Tshibumba Kanda M.)
Oil on fabric – 45,5 x 33 cm

Untitled, from the photo essay *A Man of Mercy*, 1954
W. Eugene Smith
Gelatin silver print

Both series of images have a more or less hagiographic aspect. In Eugene Smith's photographs the hagiography remains present in the background as a sort of unfulfilled potential, while the scenes from the life of Lumumba by Katangan urban painters express the strongly Christian inspired account of a martyr. The photograph with which the publication of Smith's photographic essay in *Life* magazine commences displays this aspect clearly.[2] We see Schweitzer in an image that shows reminiscences of Christian iconography, and it is interesting to compare this photograph with the central image from *A Congo Chronicle*, *Le 30 Juin 1960, Zaire Indépendant* [Zaire Independence, June 30, 1960] by the painter Tshibumba Kanda Matulu. The painting depicts Lumumba during his notorious speech on the day of Congo's declaration of independence. There is a striking likeness between the two images. In each the dominant figure is depicted centrally, with the right arm raised, combined with a second figure that is somewhat behind him. The position of the maker is immediately clear from the position of the figures: the images reveal a white and black perspective, respectively. Smith's photograph is, however, permeated by the ambiguity that characterizes his relation to Schweitzer and Lambarene. We see Schweitzer checking on the con-struction of a roof truss; behind him a muscular black laborer sits on one of the cross beams. Schweitzer's head is strongly accented, on the one hand by its central position within the image and on the other by the white pith helmet. With his right hand he leans on a beam which converges with another beam close above his shoulder. In this image Smith clearly recalls a tradition in Christian painting, through which Schweitzer appears as a sort of Christ. The two beams form a cross that seems to rest on Schweitzer's shoulder. At the same time it seems that he is nailed to that cross by a pencil that he holds in his hand, accentuated by a white spot. The white pith helmet functions as a nimbus, presenting Schweitzer as a saint or savior during his act of ultimate sacrifice. The saw and reaching hand in the black shadow on the foreground are not present in the original negative. This image manipulation, otherwise in conflict with Smith's photojournalistic practice, involves this photographic document still more deeply with painting. On the one hand this refers to the iconographic

2. ———
W. EUGENE SMITH, "A Man of Mercy. Africa's Misery Turns Saintly Albert Schweitzer into a Driving Taskmaster," *Life* XXXVII/20 (1954): 161–172.

Untitled, from the photo essay *A Man of Mercy*, 1954
W. Eugene Smith
Gelatin silver print

Untitled, from the photo essay *A Man of Mercy*, 1954
W. Eugene Smith
Gelatin silver print

Untitled, from the photo essay *A Man of Mercy*, 1954
W. Eugene Smith
Gelatin silver print

tradition of the use of attributes, by which figures in paintings are identifiable on the basis of the objects with which they are associated and are depicted (an aspect that Smith will explore further in other photographs; see below); on the other hand the saw and hand, backlit and placed in the foreground, create a repoussé effect that we intuitively associate with painting rather than with photography. This further flattens the already obscure sense of space in the photograph, effectively affirming the subject depicted as an image and less as reality. Smith's flirting with painting elevates this image of Schweitzer to the symbolic order.[3]

The opening image of A Man of Mercy shows that Smith made a distinction between Schweitzer as icon and Schweitzer as person; Tshibumba's Le 30 Juin 1960, Zaire Indépendant illustrates that in the work of the Katangan painters the historical figure of Lumumba coincides totally with the myth.[4] In the painting we see the depiction of an historical event, the independence address in which Lumumba, in the presence of King Baudouin, spoke of the officially closed Belgian colonial regime in terms of slavery and oppression. Lumumba is central, in the foreground. The microphones and the raised right arm indicate that he is speaking to the people. His other hand rests on a globe, with the African continent at its center. The powerful figure of Lumumba contrasts with the king, who stands by with bowed head and sheepish smile. Baudouin, although in uniform and hung with the symbols of power, radiates no authority. He stands imprisoned in the confines of a baldachin, while Lumumba points forward to a future of freedom, symbolized by the great blue field of the sky. This representation of an historical occurrence is in part lifted out of its historicity by its thoroughgoing glorification of Lumumba. Depicting Lumumba with his hand on a globe reveals him as at the same time a historical and ideal character. The association with an Afrocentric world assures that Lumumba will appear as a sort of African Salvator Mundi, a Saviour of the World inspired by Christian iconography, as a symbol for pan-African consciousness. Further, a chain is attached to the globe, so that the image suggests something of the content of Lumumba's speech. Lumumba's references to colonial slavery are visualized by means of a chained Africa.

3.
GLENN G. WILLUMSON, W. Eugene Smith and the Photographic Essay (Cambridge/ New York/Oakleigh: Cambridge University Press, 1992), 211–213.
4.
NYUNDA YA RUBANGO, "Patrice Lumumba at the Crossroads of History and Myth," in A Congo Chronicle, 43–57.

Untitled, from the photo essay A Man of Mercy, 1954
W. Eugene Smith
Gelatin silver print

Untitled, from the photo essay *A Man of Mercy,* 1954
W. Eugene Smith
Gelatin silver print

In the confrontation between Smith's photograph and Tshibumba's painting, the nature of both series of images is revealed. The quality of Smith's photo series resides in the nuances and ambiguities; even the opening photograph, displaying Dr. Schweitzer as he was canonized by popular opinion, suggests something of the actual severity of his actions in Schweitzer's severe gaze. By his physical appearance and potentiality, the figure in the second plane forms a counterweight to the immanent significance of Schweitzer. In *Le 30 Juin 1960, Zaire Indépendant* there is nothing to be nuanced; the power of the Shaba paintings resides in their directness. As a product of a collective, *A Congo Chronicle* is an outspoken statement that fully meets the expectations of the views that are (or were) alive in a certain community. Smith, on the contrary, as an isolated figure struggled against overwhelming public opinion, a struggle which, for that matter, he to a great extent lost. His project was already crippled by the editorial apparatus of *Life* magazine. *Life* published only a strongly simplified version of the photographic essay. The publication of *A Man of Mercy* was the direct cause of Smith's resign at *Life*. It is characteristic for Smith's personality and for the complexity of his undertaking that he informed Schweitzer of his resignation, and at the same time took full responsibility for the published version of the essay.[5]

In other words, we can consider the painting by Tshibumba as a very typical work within the series *A Congo Chronicle*, while Smith's photograph is rather an atypical image within the totality of *A Man of Mercy*, if only because of the literal and figurative central position of Schweitzer. It is as if with this first image Smith wanted to immediately admit the failure of his original scheme. He had, after all, gone to Lambarene with the idea of making an intimate portrait, from his personal admiration for the man. Schweitzer, who although he had given assurances beforehand that no door would remain closed, tried to limit Smith's photographic freedom, and he constantly remained very strongly aware of the presence of the camera. This did not produce the sort of images that Smith had in mind. When he took a photograph of Schweitzer, he inevitably was photographing the myth, the Schweitzer of public opinion, and, according to Smith, that

Untitled, from the photo essay *A Man of Mercy,* 1954
W. Eugene Smith
Gelatin silver print

was in total contradiction to the actual man. For this reason Smith decided to map out other strategies. He turned his camera away from the "overall Schweitzer" in order to focus on details such as the pith helmet, the shoes, the correspondence or the umbrella, in a further reflection on the importance of attributes in the shaping of image surrounding a person, and in this connection with the earlier emblems of saints. In addition, he began to turn his lens on the reality in the hospital village, with the people who lived there and the surrounding flora and fauna, in order to arrive at an implicit portrait of the man himself through the depiction of Schweitzer's direct environment. The result is an extremely layered and subtle portrait of Schweitzer in which the paradox between the reality that could not be talked about and the shaping of the image surrounding a colonial remains intact.

The provocative aspect of both of these series of images with regard to the shaping of images of colonialism in the West is to a large degree connected with their somewhat dubious veracity. For example, Smith totally denied the possibility of objectivity in photojournalistic practice. It is characteristic of Smith's personal involvement with his subjects that he replaced the supposed exercise of objectivity with the notion of honesty.[6] In *A Congo Chronicle* the problem of veracity is present even more pertinently, a problem that is inescapably linked with the reason why painting is done in the urban society of Katanga. First of all, painting is the least expensive manner of reproducing an image, less costly even than photography. Painting is even used as an inexpensive method of reproducing photographs. We can observe the custom of painting after photographs in *Le 30 Juin 1960, Zaire Indépendant*, in the manner in which Lumumba is pictured. The pose (with the exception of the right arm) and the association with a globe are taken over from a propaganda photograph from the M.N.C. (*Mouvement National Congolais*, Lumumba's political party). In Burozi's *Lumumba, Master of the World*, this image is not even integrated into a larger scene, but stands completely on its own. This choice for painting may then be first a matter of the economic facts of life, but all the mechanisms of painting are certainly deliberately employed. For instance, a painting has a greater flexibility

Untitled, from the photo essay *A Man of Mercy*, 1954
W. Eugene Smith
Gelatin silver print

5.
WILLUMSON, *W. Eugene Smith and the Photographic Essay*, 311.

6.
WILLUMSON, *W. Eugene Smith and the Photographic Essay*, 234.

with respect to facts; an artist can create his image from memory or from reports. For instance, no one has ever seen the bodies of Lumumba, Mpolo and Okito, but they have been depicted. In the painting *La mort historique de Lumumba, Mpolo et Okito, le 17 Janv. 1961* [The historic death of Lumumba, Mpolo and Okito on 17 January 1961] Burozi places the bodies in an almost idyllic context, which immediately illustrates a second important aspect. Painting has the capacity to elevate what it depicts to the symbolic order, something that is strongly present in the series of paintings in *A Congo Chronicle* through the association of Lumumba's life with Christian martyrology. At the same time, some paintings, such as the last mentioned by Burozi, continue to play on a certain documentary cachet of photography. Of course, it is always possible that the painter had no money to purchase pigment, but even if that were the case the association with black and white photography is certainly a plus point. The function of "urban popular painting" in the community from which it arises hovers between historical document, Christian icon and political pamphlet. The paintings must be understood in the light of an African form of historiography, the retelling of narratives in which reality and myth become interwoven with one another. The images are intended by their makers as catalysts for memory and anchor points in discussions.[7] Thus the rendering of the facts in the paintings is not true to events, but nor is it false. They correspond to an image in the collective memory of a community. The complicated interplay between memory and the formation of mental images dissolves the historical figure of Lumumba in the idea of African national consciousness. Patrice E. Lumumba belongs to history, but the stubbornness of the image of Lumumba in collective memory makes the ideas for which he stood latent actuality.

The reverse relation between photography and the provocative form of validity of images is present even more strongly in the oeuvre of Tshibumba. As the best known of the Katangan urban painters, he is also the one most frequently represented in *A Congo Chronicle*. The painters of Shaba have no special status; there is nothing like an elevated notion of artistic calling. The immediate reason for the production of

7. ————
BOGUMIL JEWSIEWICKI, "Popular Painting in Contemporary Katanga: Painters, Audiences, Buyers, and Sociopolitical Context," in *A Congo Chronicle*, 13–27.

Votez tous M.N.C.-L. Liste No. 4. Campagne électorale (1959)
[Cast your vote for Lumumba. Election campaign, 1959]
Kalume
Oil on fabric – 59 x 44 cm

8.
JEWSIEWICKI, "Popular Painting in Contemporary Katanga: Painters, Audiences, Buyers, and Sociopolitical Context," 23.
9.
JOHANNES FABIAN, *Remembering the Present. Painting and Popular History in Zaire* (Berkeley: California University Press, 1996).
10.
WILLUMSON, *W. Eugene Smith and the Photographic Essay*, 309.

Village Scene, 1968
Dekab
Oil on fabric — 43,5 x 55 cm

paintings is that people buy them in order to decorate walls. Often the painters specialize in a particular genre that they paint over and over again, and for which they are known. Tshibumba occupies a somewhat unusual position in this regard, in that he explicitly profiles himself as a historian.[8] In 1974 the anthropologist Johannes Fabian made it possible financially for Tshibumba to paint a complete history of the Congo. For Tshibumba, his paintings are but one section in the narrative, the other section being Fabian's interview with Tshibumba in which he explains the paintings.[9] This fact illustrates the manner in which the paintings function and how they are part of a more extensive memory or of a collective memory that is constantly under development. When one again focuses on the figure of Lumumba, then, by employing painting as a valid historical document reality and myth become an inextricable skein. *A Congo Chronicle* sketches an image of Lumumba that in itself is a travesty of the Western notion of historiography, but nevertheless the reality of the formation of a mythology surrounding Lumumba is confrontational and convincing. This is completely the opposite of the movement that we observe in *A Man of Mercy*. Already in the opening photograph of the published essay, by referring to a painterly tradition in the photographed image Smith warns us against a supposedly pure documentary character of photography. The glorification of Schweitzer is linked to painting in order to strip it of its immanent reality value. Smith still respected Schweitzer for his ideas, but he had to record that he failed in his everyday dealings with people. To nuance the existing image, Schweitzer had to largely disappear from the picture, in order to rather function as the element which lined the whole story together — although with that Smith had to go on record that his photographs could speak without the light of a living legend:

"The leper village pictures are strong enough to be their own separate story — perhaps too earthlike for saints and legends."[10]

The way the visual is dealt with in the two series presented reflects the memories of the two protagonists. From the attitude and words of Lumumba, it appears clear that he was

Panique du discours de Mr. Lumumba, M.N.C. [Panic caused by Mr. Lumumba's speech, M.N.C.]
Burozi (signed Tshibumba)
Oil on canvas – 33 x 58 cm

Panique du discours de Mr. Lumumba, M.N.C. [Panic caused by Mr. Lumumba's speech, M.N.C.]
Burozi (signed Tshibumba)
Oil on canvas – 38 x 57 cm

La mort historique de Lumumba, Mpolo et Okito le 17 Janv. 1961 [The historic death of Lumumba, Mpolo and Okito on 17 January 1961]
Tshibumba Kanda Matulu
Oil on fabric – 36,5 x 55,5 cm

11.
ELSIE CRUM McCABE, "Preface," in *A Congo Chronicle*, 6.

prepared to take upon himself the role of martyr for African independence, a role that he, if we are to believe the Shaba paintings, has ultimately very effectively fulfilled. As an *évolué* (a racist title that well-educated Congolese were allowed to carry; among the requirements were actively speaking the French language and eating with a knife and fork), Lumumba succeeded in growing into a figure of symbolic proportions that left Schweitzer, as an exponent of a Western academic, institutional and imperialistic system and as an anachronistic *homo universalis*, far behind, despite his Nobel Prize. Some passages in the address that Schweitzer gave in honor of that Nobel Prize, however, reveal a rather simplistic vision and serious feeling of superiority. When combined with *A Congo Chronicle*, the paradox of Schweitzer, as visualized in *A Man of Mercy*, grows into the paradox of a positively interpreted colonialism as a factor in a process of mental repression.

In Belgium the analysis of the process of mental repression and of exotic commodification is unavoidably linked more with *A Congo Chronicle*, not in the least because the paintings are being shown in Belgium for the first time, in a space for contemporary art. This last is not unimportant. In the Museum for African Art in New York the series was shown because of its anthropological significance. In the beginning of the catalogue which appeared with the exhibition reference is even made to an underlying continuity with African art, in the sense that African art always has a purpose, and is never "art for art's sake."[11] If the presentation in New York posited a significance beyond the aesthetic, then the presentation in Antwerp promises a significance beyond anthropological-scientific discourse. The context of a space for contemporary art allows one to assume that the images do have a strength other than a purely museal-historic interest. In the context of THE BIG SHOW, the works in *A Congo Chronicle*, in essence products of an appropriation of the Western medium of painting imported during the colonial regime, can not be reclaimed within an institutional/academic structure. These paintings go further in the deconstruction of Western perspectives by moreover making an exotic gaze ambiguous. These works would seem to lend themselves preeminently to exotic experience. They are created from imperfect materials and painted

Le 30 Juin 1960, Zaire Indépendant [Zaire Independence, June 30, 1960]
Tshibumba Kanda Matulu
Oil on fabric – 45 x 62,5 cm

Lumumba, Master of the World
Burozi (signed Tshibumba K.M.)
Oil on fabric – 45,5 x 31,5 cm

in an often naive style, generally colorful and direct. But these are not the "urban billboards" popular with tourists, which, for the rest, have been made by the same painters. The political character of the works already in a certain sense obstructs an exotic commodification, but when the Belgian viewer is repeatedly confronted in the paintings with Belgian flags, King Baudouin, Sabena airplanes and the legend "Colonie Belge," then he is thrown back onto his own history or memory. Or better, his memory becomes focused on images which he does not consider his own. In *A Man of Mercy*, where the process of commodification might have been able to complete itself because of an identification with a white protagonist, the identification mechanism is coupled with and dissected by the striking absence of the main figure. Paradoxically enough, the silent nature of Smith's commentary calls up vague connotations with the decades-long Belgian colonial silence. In the Belgian context, Smith's photo series develops in part into the impossibility of dealing frontally with the question of colonial guilt. In the combination of *A Congo Chronicle* and *A Man of Mercy* the process of mental repression is not only blocked, but moreover, visualized.

This effect of *A Congo Chronicle — A Man of Mercy* is topical, but the exhibition is far from a piece with moral intentions. In the present Belgian context of more or less open debate about the colonial past (although to be sure focused on the investigation of the murder of Lumumba), it is even perverse, in view of the fact that it is showing what everybody is prepared to see at this moment. By this, the mechanism of the exhibition is displaced to a more abstract and reflexive level. The exhibition as a Western medium, as an instrument for sublimation and as a cultic site of the gaze par excellence, works against itself by on the one hand diverting the gaze to our own memories, and on the other hand by making explicit the process of shaping mental images. With the showing of the two series of images in an "art space" the works are allocated the status of art works, which nevertheless remains dubious. Neither of the two series of images was created from artistic considerations, and their relevance clearly does not lie in the narrowly artistic, but in the broad cultural debate, the fulfillment of which is impossible within the boundaries of an exhibition culture. In the visualization of the process of mental repression the exhibition formulates its own negation. *A Congo Chronicle — A Man of Mercy* is perhaps an exhibition for the lack of any alternative. The deliberately inadequate character of an exhibition is a symptom of the real irreparability of a historical situation.

Gerrit Vermeiren

Lumumba arriving in Elisabethville (Torment)
Mutanda wa Mutanda
Oil on fabric – 38 x 59 cm

A Man of Mercy: Africa's Misery Turns Saintly Albert Schweizer into a Driving Taskmaster
W. Eugene Smith
Life XXXVII/20 (November 15, 1954): 161–172.

TOILERS, Schweitzer and a carpenter, watch hospital building

A Man of Mercy

frica's misery turns saintly Albert Schweitzer into a driving taskmaster

"No one knows me," Albert Schweitzer has said, "who has not known me in Africa." In Norway last week, where he had come to acknowledge a Nobel Peace Prize, crowds jammed streets to cheer a great figure of our time. As they cheered they were convinced that they knew him well: he is the humanitarian, warm and saintlike. In full manhood he had turned away from brilliant success as a preacher, writer and musician to bury himself as a missionary doctor in Africa.

All this was truth—but admirers who have followed Dr. Schweitzer to French Equatorial Africa know a different man. There, amid primitive conditions, Europe's saint is forced to become a remote, driving man who rules his hospital with patriarchal authority. For those seeking the gentle philosopher of the legend, he has a brief answer: "We are too busy fighting pain." Then he turns back to the suffering and the work that make up the African world of Albert Schweitzer.

Photographed for LIFE by W. EUGENE SMITH   161

MAN OF MERCY CONTINUED

A NEW MOTHER is carried across a hospital village's main street from the delivery room to a ward. Her baby, now being washed and clothed, will be cared for at the mother's bed.

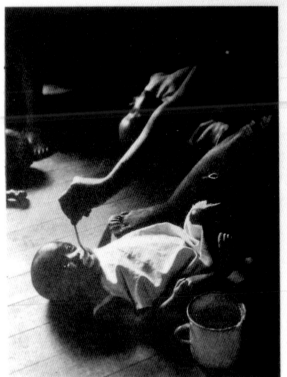

BIG EYED BABY is fed in hospital nursery. Children whose parents are unable to care for them may be kept as long as three years before being turned over to tribal relatives.

THE DOCTOR AT WORK examines the postoperative patients on the upper floor of a Schweitzer-designed

structure. The lower section, behind the waiting patients, is used for storage and emergency rooms.

A PATIENT'S WIFE, having finished cooking husband's meal on an open fire in street, takes utensils away. Hospital issues rations to patients but families have to cook them.

INTENT ON HIS JOB, one of Dr. Schweitzer's workers leans his weight against a crowbar as men try to roll great rock out of the main street of the new village for lepers. Although there are quicker ways to move this one was muscled out in arduous tradition of African hand

MAN OF MERCY CONTINUED

His UMBRELLA, carried to work in wet season, is stuck in sand when Schweitzer goes to other job.

A world of hard work

Starting with a small mission hut which he found in existence when he first came to Lambaréné nearly 42 years ago, Dr. Albert Schweitzer built his general hospital village (*previous pages*). With his $33,149 Nobel Peace Prize he has been building in the past year and a half a separate village nearby for lepers. Every morning at 8 o'clock a bell sounds in these villages and the able-bodied and the walking sick report to the doctor. He assigns them tasks for the day and then begins roaming about watching everything, supervising and pitching in here or there to help or set a faster pace. Except for the hot noontime period men are laboring everywhere, framing buildings, hauling earth and pouring concrete. Occasionally a roar of wrath can be heard as Dr. Schweitzer demonstrates his capacity for exasperation over slow or mishandled work. But soon calm returns and the work goes industriously on.

PORTABLE RAILROAD, lent by a nearby plantation owner, is set down in the main street of the leper village for a major project in earth moving.

s SHOES for muddy rainy season weather are nearly 30 years old. On y day Schweitzer's restless feet carry him to all parts of settlement.

THE TWO RACES, white and black, work together pushing flatcars. The doctor's ire rises when happy-go-lucky workers use carts as roller coasters.

CONTINUED ON NEXT PAGE   165

On the Logic of Cultural Globalism

Post-Colonial Models for Identity and Subject in the Era of Globalization

FOREWORD

I would like to make a start by tracing the conflict lines that have become so visible in globalization, and which define our view — and views — of what we tend to call "strange" cultures: earlier and contemporary forms of imperialism, racism and nationalism. Of course, this is such an encyclopedic task that I will limit myself to a number of central points, historical and contemporary.

First and foremost I will discuss three points which, if one is to believe the champions of neo-liberalism, would solve the economic and cultural inequalities existing between what is called the First World and what is called the Third World — namely, worldwide growth on the stock markets, a world market without borders, and finally the theme of culturalism. Then I will come to the wretched history of cultural ideology and its foundations — imperialism, racism and nationalism — and I will attempt to make clear how elements that construe "the other" and "the stranger," and which appeared to have been defeated in post-colonial discourse, are recycled in a new ideology of cultural globalism where they once again constitute a form of cultural ideology, which paradoxically enough people attempt to push aside by setting up all sorts of forums for greater understanding among peoples and cultural exchanges — principally biennials. It could be that these biennials — which not at all by chance have enjoyed a strong international response in the past decade, parallel with the development of economic globalization — are instruments precisely for the cultural upgrading of this culture ideology. Finally there will be some brief closing remarks.

Since modern times we have been conscious that it is impossible to think of art and culture apart from the social context in which they arise. Yet, we also know that history always contains a sediment of the present. The new appears as a nominal new construction of the artwork, but exhibits itself under our constantly changing manner of looking and understanding, which have now just oriented themselves to the processes of globalization. I understand the complex interrelationship among art, society and history as being such that our manners of looking and understanding must have at least some role in repeatedly construing the dominant typologies in art and culture.

But what do the globalizing means of production look like at this moment, and what influence do they have on the organization of art and culture, on all these presentation models of art from "strange" cultures? It has become a truism to describe the fall of the Wall and German reunification as the end of the Cold War and — in an optimistic variant of neo-conservatism — as a geopolitical turning point in globalization. As is typical of banalities, by the time the present century began this truism had permeated the whole discursive humus. Nevertheless, mixed with all the other half-digested and ideologically contaminated remnants, it continues to further ferment.

FIRST THEME:
WORLDWIDE STOCK MARKET GROWTH

The theme of worldwide stock market growth is closely related to the fall of the Wall. In an article in the *Frankfurter Allgemeine Zeitung*, one of the world's authoritative newspapers, it was said of the bull market, "One of the most important causes [for the increase in prices in the wake of the boom in anticipation of end of the century] is [...] the triumphal march of capitalism after the fall of the Wall between East and West. That was the starting gun for the globalization of markets [...] Optimism with regard to a universal economy can be felt in the stock markets in Central as well as Eastern Europe, and even as far away as Asia and Latin America."[1]

I will not go further into the malevolent irony in this assertion. In the face of average incomes of about $50 per month in Russia, one can hardly speak of either optimism or economic growth. Three billion people, a half of the world population, live on less than $2.00 per day per person. The relocation of production to the Third World, with its starvation wages, may well have stimulated a world economy controlled by Western economic powers, but at the sharp end, in Malaysia, Indonesia or India, the branches of Nike and Reebok have only perpetuated social misery. For example, the production costs of Nike's Pegasus model are $1.66, while the sales price hovers around $70.

The view of history which lies behind the arguments of the champions of globalization might help to clarify the euphemism about the growth of the stock markets: namely one which divides world history into a rigid East-West opposition before the revolution, and thereafter, following the fall of the Wall, a new phase: the flexibility of globalization.

It would be advantageous to examine what contribution this unquestioningly accepted truism, now frozen into political dogma, which on purely speculative grounds proposes a new division of history, has made to the illusion of a "third way," as put forward by Tony Blair and Gerhard Schröder; or for the sake of good old ideological critique to inquire why precisely in these last decades in the theoretical field all the hurdles of social politics have been cleared without difficulty; or for what reason the extreme right surfacing again everywhere in Europe, or the Militia movement in the United States, interest only the last remnants of a left that sadly enough is not thought hip, while those who monopolize the new discourse zap back and forth between gender or pop studies, or from cultural or critical to visual studies.

SECOND THEME:
WORLD MARKET WITHOUT BORDERS

A second theme within globalization involves what I would call its aggressive falsification of history, and the belief that flows from it that now all geographic borders must disappear, and that the world market should not concern itself at all with skin color, but only with trade blockades and protectionism. This theme of world free trade pretends to represent the economic realization of the ideals of "liberty," "equality" and "fraternity" from the French Revolution. In the light of the reunification of East and West Germany, for instance, precisely the opposite is true: here a rather local occurrence, the fall of the Wall and reunification, is built into a capacious geopolitical and economic mondial concept of globalization which, equipped with the imperative power of its transnational institutions such as the International Monetary Fund (IMF), the World Bank and the World Trade Organization (WTO), frames a regional event in a model that claims to close off history. German reunification thus becomes a miniature reproduction of a European and even world model, a reordering of history, which, now that it is directed in economic paths, rumbled out of Central Europe to steamroller the world. Anyone who still believes that what is called the Third World, over which a "world market" hovers like some sort of immanent cosmic spirit, has any part in the sharing out of the profits by Western nation states, which in their turn are subordinated to the organigram of world conglomerates, is really still believing in Santa Claus.

At its heart the idea of a world market without borders is imperialistic and nationalistic, as Noam Chomsky has demonstrated through his analysis of the United States and its economic developments in Brazil and Mexico. The foundation of the neo-liberal order, laid down in the Washington Convention, prescribing liberalization of trade and finances, price regulation by supply and demand, combating inflation, and privatization, has become the official policy option that is intended to "export American values." The United States, which according to Chomsky has changed from being a democracy to being a "market democracy," has made guaranteeing these market principles, which are in the service of increasing profits for globally operating economic powers and are enforced by institutions under American control such as the IMF, World Bank and WTO, into its global political task.[2]

The IMF is comprised of 182 nations. Its task is to support currency stability in the member states. If a country has difficulty in making payments, then the IMF provides credit.

That sounds very good, but because of the conditions that they attach to extending such credit, the IMF and World Bank in fact represent an instrument of enormous political power. For instance, countries in the southern hemisphere, which together owe about $2 trillion to the industrialized countries, private credit institutions and the World Bank, have their economic and social environment dictated to them.

The decision-making power of supranational institutions was also plain at the G7 conference in Okinawa, in Japan. It was not enough that the poorest countries should long have been controlled economically and socially by the IMF and World Bank, but during discussions of debt restructuring, the central theme of the conference, moral demands were also placed on them. The American Congress, for instance, would only release the development aid requested by Bill Clinton, amounting to $200 million, on the condition that the receiving countries fulfill a number of requirements. For its aid, Uganda was required to abolish the death penalty — as if the United States did not have it. To stay with the example of Uganda: this country spends only $2.50 per person on health care, against $12 per person for debt repayment.

The message of our second theme, the world market without boundaries, is that real profits are no longer generated by assembly line production, but in the global financial and communication services sector. As a result the poorest countries, to which industrial production is increasingly being shifted, are left behind with empty hands, because they lack the skills to cash in on the added value generated by the circulation of information and culture. In the post-revolution, flexible phase of globalization the rule of thumb is, the more global the production, the more decisive the value of organization as a measure of new wealth — and this value is determined by proficiency in the field of information, culture and verbal capacity — the canon of the Western elite.[3]

THIRD THEME: CULTURALISM

The third theme that directly touches upon the import/export problematic involves the changed role of art and culture in the construction of a world market without borders. Cultural activities, initiatives and organizations, be they governmental, corporate or private, are all part of that segment of the society in which bourgeois democracy and the political economy have the final say.

One example is the Internet, the dream machine of the world economy and worldwide communication. Another of the intensively discussed topics at the G7 conference in Japan was the Internet, as one of the chief instruments in globalization. At the same time the chief role in organizing political resistance movements is also ascribed to it. In the case of the protest movement against Jörg Haider in Austria, it appears only to be effective in terms of information; what is thought of as the countermovement in Austria is not at all a social movement which could, for instance, be in accord on the rejection or combating of neo-liberalism.

I view the more general growth in importance of art and culture which can be seen in the construction of new museums, corporate art collections, and perhaps most vividly in the proliferation of biennials over the last decade, as on the one hand the historical culmination of bourgeois cultural ideology, and on the other as an expansion of the battlefield between North and South, East and West. Conflicts in the field of culture are more and more being collected and thematized on a world scale under the catchword "culturalism." The reason for this is that, after the worldwide bankruptcy of socialism as a form of government, culture is in a certain sense the only remaining refuge where alternatives for capitalism can be formulated without immediate fear for economic consequences. The meteoric rise in the prestige of culture in the 1990s in the global city, thirsting for investment possibilities, put its world citizens, the alternative scene and the art environment under strong pressure, which in its attempts to break through political and artistic isolation generated new views on life and career possibilities that in turn were gratefully seized upon by cultural institutions in search of legitimation and representivity. The culturally charged processes of political legitimization became visible in this passing through of values.

As an example, the Berlin Biennial (transformed into a triennial) is merely a building block in marketing Berlin, an optimistic offensive decreed by cunning capital city strategists. Closely linked with the mania for construction in Berlin, the art scene seeks the *Zeitgeist* after the fall of the Wall in construction sites, romantic ruins of outbuildings, and clubs. Generation Berlin quickly came into being: creative, in search of kicks, and freshly scrubbed. No other cultural phenomenon leads itself more easily to being sold.

Performance on location, the Longest Night of the Museums, gallery tours, the Berlin Biennial: in the twinkling of a eye the planners of Berlin — capital city, charged with the Love Parade, stripped as it is of all political connotations — with its slogan *One World — One Future*, collected a motley amalgam of artistic activities and life styles into a cultural event for the new middle class, the Berlin Biennial. In the process the boundaries between high culture and subculture, between left and right, become as fluid as the obligatory white wine at openings.

A somewhat more intelligent, but no less problematic antistrategy against culture events which stage-manage reality as a permanent flight into culture, consists of thematizing social misery as image, in the service of country, city or community. Although the number of exhibitions with really critical art are decreasing sharply, a great deal of "critical" art is created as a direct result of institutional commissions, such as that for the Austrian pavilion for the Venice Biennial in 1999, under the slogan *Offene Handlungsfelder/Open Practices*.[4] There is one rule of thumb for so-called "critical art," understood as an ennobling of social misery: the more decoratively you package the social conflicts (particularly favored at the moment are the problems of big cities and the construction of post-colonial identity), the greater the chances of your participating in an international exhibition or biennial. The ACT-UP activists, with AIDS and gender projects which ironically enough were financed by museums, at least in the early 1990s, I consider as a case apart.

LOGIC OF THE LABOR CONTRACT

One sees how "critical" art produced on commission identifies itself with a reality that confirms and excuses it — designed by a newly arisen urban life style and a new set of labor relationships kindled by economic globalization.

The logic of the neo-liberal labor contract, which has spread from the sphere of production all across the whole social constellation, ultimately also guides the personal relation between the partners in the agreement itself. The same is also true today for the way labor contracts are being made more "flexible," as is increasingly happening, against the background of delocalization, shallow hierarchy, outsourcing and the rising numbers of unemployed: temporary contracts, honorarium agreements, contracts per job, cheap labor, all-in contracts or subcontracting are absolutely not defeats for prevailing "economic value relationships" (Herbert Marcuse) which restrain and define social movement, but only reflect them in their modernized manifestation in the age of globalization.

This process of "fit-for-life" as a survival strategy is found primarily in the leading industrial states. Eastern Europe and the Third World on the contrary are reduced to gigantic, inexhaustible reservoirs of raw materials and labor, in many regions reconstructed as consumer markets when, as is the case in the DDR, it is a matter of culturally legitimizing economic incorporation.

THIRD WORLD AT THE BACK DOOR: THE DDR

As well as economic unification, which through economics also seeks to regulate social relations among the former East German identities according to Western criteria, it is particularly a cultural model of the DDR as a dead end excluded from modernity that has led to the present view of DDR art and its semi-official distribution channels.[5] The political and cultural isolation of the DDR, both from the East and from the West, focused artists on what has been termed the "national discourse," especially because this tradition had been interrupted in 1938. Under the influence of state control it was particularly painting that took over compensatory communicative functions; for instance, the *8. Kunstausstellung der DDR 1978* counted more than one million visitors, who were confronted with the everyday problems of provisions for senior citizens, health care, ecology and urban planning in didactic "problem paintings," clothed as allegory. In the

end there developed a private and semi-official distribution and discussion circuit, which completely collapsed after reunification.

The perception of the DDR as a dead end excluded from modernity seems very similar to the image of art from "strange" continents as — putting it bluntly — one form of tribal art or another, which can be in turn classified as religious, ritual or ethnological. As soon as the economic incorporation was complete, the mode of cultural interpretation changed. Stripped piece by piece of its history, which did not fit into the Western image, the DDR was redefined as purveyor of cultural raw materials to the courts of the West. The acknowledgment of DDR art as a peculiar sidetrack in recent European history, rich in possible perspectives, would after all also imply a redefinition of West German art. However, such critical self-analysis would mean undermining the claims to priority that the center has over the periphery, and thus did not take place. As Matthias Flügge stated, "It is simpler to lock away DDR art in the totalitarian regimes department of the historical museum, as an unwelcome memory, distant history, and superseded identity."[6]

FUNDAMENTAL PRINCIPLES OF CULTURALISM:
IMPERIALISM, RACISM, NATIONALISM

In a succinct historical overview, I will here survey which models of cultural ideological thinking have an impact when one is dealing with the cultural status of the "other" or "cultural areas," and in the course of this note that these principles formulated 200 years ago construe the cultural status between what we call the first and third worlds as a object/subject relationship, and that the contemporary forms of organizing cultural exchange between the North and its former colonies in the South are also defined in part by them. Imperialism, racism and nationalism are the historical manifestations of the ideological policy lines dominant today in globalization and culturalism.[7]

Although many cultural activities between North and South are seen as democratic forums for cultural exchange and international understanding, contemporary manifestations of culturalism cannot be seen apart from the cultural ideology developed at the end of the eighteenth century, and especially German idealism. Particularly the opposition between "civilized" and "primitive" on the one side, and "cultivated" and "barbarian" on the other, are indicators of the victory toward the end of the eighteenth century of the "natural state" of man, who lives at one with nature, over the political philosophy which had been current previously. This is the period in which the dichotomies arise that continue to determine models of cultural thought down to this day. While Kant develops a concept of culture in his 1784 essay *Idee zu einer allgemeinen Geschichte in weltbürgerlicher Absicht* [Idea of a universal history from a cosmopolitical point of view] on the grounds of moral philosophy, according to which the concept of morality implies a promise of social progress that develops itself from nature, through civilization, to culture, Schiller, in his 1795 letters *Über die ästhetische Erziehung der Menschen* [On the aesthetic education of man] has in mind a practical/pedagogical application of culture. Schiller writes: "Aufgabe der Kultur [...] ist es [...] den Menschen auch schon in seinem bloß physischen Leben der Form zu unterwerfen und ihn, so weit das Reich der Schönheit nur immer reichen kann, ästhetisch zu machen, weil nur aus dem ästhetischen, nicht aber aus dem physischen Zustand der moralische sich entwickeln kann." For Schiller it was a matter of the *Veredelung* of that which is; efforts toward emancipation were traced back to the *Reich des schönen Scheins*, and with an eye on the French Revolution, about which Schiller was sceptical, he said, "Das politische Problem [...] muß [...] durch das ästhetische den Weg nehmen, weil es die Schönheit ist, durch die man zu den Freiheit wandert."

Next to Kant's distinction between culture and civilization and Schiller's program for ennobling what exists, Herder placed a concept that would carry much further — all the way to Nazism. He brings together concepts such as *Volk*, "nation," "language," "culture" and "humanity" into a relationship in history — albeit a fictive-speculative relation. The whole of human history — particularly the rise and decline of world cultures — is reflected in national cultures, which Herder approaches as individual entities. Herder speaks of a

"Körper der Nation [...] in dessen sämtlichen Gliedern nur eine gemeinschaftliche Seele lebt." This "soul of the people" manifests itself in culture. The mystification of the soul moves the concept of culture to the domain of the *Einfühlung*, which Herbert Marcuse has criticized as follows: "In ihrer Eigenschaft universaler Einfühlung entwertet die Seele die Unterscheidung des Richtigen und des Falschen, Guten und Schlechten, Vernünftigen und Unvernünftigen, welche durch die Analyse der gesellschaftlichen Wirklichkeit im Hinblick auf die erreichbaren Möglichkeiten der materiellen Daseinsgestaltung gegeben werden kann."

Herder was not interested in the transformation, changing or ennobling of reality, but in the construction of a specific German national culture, which in a polemic manner he placed far above French culture, for example, and ultimately above the cultures of all the rest of the world. The program Herder developed for this national culture, which avails itself of vague, organic imagery, and seeing this as the ominous spiritual force of a people (as such, a foreshadowing of Spengler's cultural morphology), at the latest after the failure of the revolution of 1848 became the dominant cultural ideology in Germany, because in a certain sense it reconciled the urge for political emancipation among the citizenry with the residue of the Prussian state. As early as 1849 "attention to art" was included in the Prussian law code as "a concern of the state." After the founding of the German Empire in 1871, the claims of the Prussian state as a "culture state" were the central legitimization formula for university professors and scholars. They henceforth saw themselves as the guardians of the "culture state," shielded themselves from the masses, and deployed the concept of national culture against the institutions of a weakly developed parliamentary democracy. The aggressive-militaristic use and war rhetoric of the national culture concept can be seen in the "Call to the Cultural World" from 1915, which, against the background of the First World War, was signed by leading figures from the world of German art and science, including Peter Behrens, Paul Ehrlich, Gerhart Hauptmann, Max Liebermann, Friedrich Naumann, Max Planck, Max Reinhardt and Wilhelm Röntgen: "Among those who pose as defenders of European civilization, they are least justified in doing so who make alliances with Russians and Slavs, and who offer the world the tasteful spectacle of stirring up Mongols and blacks against the white race. It is untrue that the battle against our so-called militarism is not an attack on our culture, as our opponents hypocritically maintain. Without German militarism, German culture would long ago have disappeared from the face of the earth. For the protection of that culture, that force arose in a country that as no other was visited by bands of robbers throughout the centuries. The German lord and German people are one. This consciousness today brings together 70 million Germans, without distinctions of education, class or party... Believe us! Believe that we will fight this battle to the end as one culture, one people, for whom the heritage of a Goethe, a Beethoven, a Kant is as holy as their own hearth and home."

Three things become clear in this call: first, that culture is inherent in the concept of a "civilized people," and is expressed in racist terms. And second: that militarism is synonymous with the *Kulturkampf* between nations. Finally: that culture is a legitimization of militarism, indeed is, pure and simple, a patriotic commission for war.

Against a background of the imperialism of competing European states, whose aggression turned to nationalism had led to the First World War, in his book *Der Untergang des Abendlandes* [The decline of the West] Oswald Spengler took the idea of a pattern of the rise and fall of cultures, first supplied by Herder and in that time taken as authoritative in the West, to its conclusion. The first part was ready in 1917, and served to give the expected German victory a cultural aura, but it ultimately appeared only in 1918, on the eve of defeat. There is a certain irony in that, although Spengler certainly had other intentions.

Irrespective of the downfall of the empire, Spengler anticipated not only the continued existence of the civilization of the West (the German Empire), but underscored its historic place in the succession of vanished great cultures of Egypt, Babylonia, India, China, the Greeks and Romans, Arabs and Mexico. Each of these eight great cultures, following each other periodically, might have its own characteristics — for instance, the Arabs were "magical" and the Hellenistic world "Apollonian" — yet all would only be the preamble for the real high culture, the "Faustian" culture of the West (Germany), for which Spengler predicted a thousand year existence. The concept of the "organic" was central to this, by which Spengler understood the growth potential of a culture, and of which its art was the mirror of its spiritual life.[8]

The Nazis, and in particular Goebbels, had little difficulty building this concept of the organic, understood in terms of the soul of the people, into a cultural ideology based on race. Over against the heroic, organic and aristocratic features of Arian-German culture, the Nazis set the decadence and *Entartung* of other peoples. Through the shift from a cultural to a national identity, the Nazis succeeded in resolving the duality of culture and civilization as Kant and Schiller had formulated it, and in conveying it to the masses and in structuring it into the cultural destiny of the Arian peoples to become world rulers. The elements of bourgeois cultural views — mystification of spiritual force and aesthetic refinement — are involved in the national-socialist communal and racial discourse.

TRIBALISM IN EUROPE: THE WAR IN KOSOVO

The image that the enlightened West had of "others" and "alien" cultures — and today evidently has again, as a brief review of newspaper articles regarding assaults, arson and bomb attacks on persons from other cultural backgrounds will demonstrate — is racially defined, and has penetrated the domain of world free trade; the aggressive militarism of the colonial states which fought each other in the First World War has surfaced again, culturally ennobled, as the competition of Western economies in the world market. Of course, real war to conquer territory and markets has become superfluous as a consequence of the victory in the decades-long East-West conflict with its proxy battlefields in the Third World. War at this moment is no longer the expression of competition for markets, because this is fought out on the battlefields of economic balance sheets, friendly takeovers, future transactions and options markets.

When, as in Kosovo, a Third World enclave at Europe's back door, moral views and cultural and religious racism begin to form an explosive mixture, high-tech, laser-guided war par-adoxically enough appears extremely primitive. Tribalism, which gets pinned on Africans as their ethnic speciality, took on a face precisely on the European continent.

As early as under the German Empire, geopolitical fragmen-tation, playing ethnic groups against one another and desta-bilizing the pan-Slavic movement defined Germany's Balkan politics, which now has reached its high point for the time being in the NATO war against Yugoslavia in Kosovo. Just a short look back: with trembling voices and stirring rhetoric, the inescapable accouterments of post-colonial crusaders, politicians and reporters competed with one another with their horror stories about Serbian massacres of Kosovo Albanians. The German Minister of National Defense Rudolf Scharping compared the Serbian prison camps with con-centration camps. Evidence for this pronouncement, which depreciates Nazi crimes, has never been produced. In the Kosovo crisis the moral crusaders of NATO displayed the same moralistic determination that they also pump out in the Turkish-Kurdish conflict. In political terms, the Kosovan war was a gift to Slobodan Milosevic: the NATO air raids welded the Serbs together around their nationalism and provided Milosevic an excuse for the further militarization of society.[9]

WHAT IS POST-COLONIAL RACISM?

What do the contemporary, post-colonial forms of racism look like? How do they relate to economic globalization? Is there necessarily an inherent link between economic hegemony and social oppression?

In my definition of racism I follow Theodore W. Allen, in his book *The Invention of the White Race: Racial Oppression and Social Control*. Racism is not a psychological/cultural phe-nomenon that flows directly from already existing, pre-colonial institutions on the part of the conqueror, but the expression of economic rationality and political hegemony.[10] According to Allen, the ruling class or international superpower used racist oppression simply to permanently exclude certain social groups from the social system. Racism, actually an invention of the English to subjugate Ireland, employs the concept of

"social death," an argument that is also central in Daniel Goldhagen's controversial book *Hitler's Willing Executioners*.[11] Anti-Semitism, according to Goldhagen for centuries a by-product of Christian culture, led to the Holocaust by way of its declaration of the Jews as socially dead. The step-by-step transformation of the Jews into the socially dead by the promulgation of increasingly restrictive laws, verbal and physical attacks, boycotts, confiscations of property, etc., rested (and that is what made the book so provocative on its appearance) on a broad social consensus, and was not exclusively Hitler's personal problem. The readiness to kill Jews was also very common among ordinary Germans, as Goldhagen demonstrates on the basis of the massacres conducted by Hamburg's Police Battalion 101, a group composed or normal citizens, from all social classes, who without any orders from above, at their own initiative, organ-ized brutal slaughters among Jewish residents in Poland, the Ukraine, and the Baltic states.

A declaration of "social death" is a condition for racist hege-mony. Theodore W. Allen's research regarding the coloniza-tion of Africans, Indians and the Irish exposes this mechanism. As soon as the conquerors encounter tribal or extended family relationships, they install a paternalistic administration that is intended to negate the existing links, to trample them underfoot, and ultimately destroy them. The techniques are familiar: expropriation, construction of a police and legal apparatus that anticipates new laws and their sanctions, and then supervises their application, destruction of family structures by forced migrations, and finally uprooting linguistic and cultural structures by deliberately dispersing members of social units. The subjects lose their cultural identity and the institutional protection of their tribal and family links, and are completely at the mercy of the con-queror. The goal of the conqueror is the social death of the conquered group. If this succeeds, social reconstruction according to a new arrangement follows, which — and that is today the decisive point — continues to exist long after the colony has received its independence. Although the political hegemony of the conqueror is no longer present, it remains, taken over in the economic structures that remain in place, which are linked politically and culturally with the mother concerns of the earlier colonizers: oil companies, mining companies, plantation operators and large landowners.

What role does culture play in this? What are the consequences of the ruler/ruled antithesis for it? In the optimistic variant, as proposed by Edward Said, imperialism and racism create resistance among the oppressed as a reaction, and set in motion a process of cultural self-assertiveness and post-national identity. Resistance against the white conqueror ultimately gained the upper hand, according to Said in his studies of literature.[12] Transferred to developments in the avant-garde, one could propose artists such as David Lamelas, Helio Oiticica or, in a younger generation, Mona Hatoum and Shirin Neshat as positive examples of defense against the influence of Western cultural models, as artists who on the basis of their emancipation from geopolitical serfdom, and on the basis of their experience of exile and migration, can pierce both the ideology of the national state and the deceptive suggestion of universality in aesthetic language, and succeed in formulating a post-national identity.[13]

Not everyone sees things so optimistically. Of course the social reconstruction, organized after the conqueror's model, can also promptly subvert forms of resistance; thus, as soon as there is any threat to the ruling powers, segments of the oppressed population will also receive privileges and participate in that power. The example of the failed revolution in Haiti in the nineteenth century demonstrates however that at that moment the social control system switches over from racist to national oppression. Be it Haiti, in the West Indies, or the politics of Catholic emancipation and union with Great Britain in Ireland, the facts remain the same: the colonial power confirms its dominance through the ties.

Immigrant children of the second and third generation in Paris, London, Los Angeles or Berlin create a cultural transitional area, and give the globalized world a friendly, colorful and peaceful aspect. One can reproach the double strategy of migrant artists, which consists of formulating their postcolonial identity and subject models "in the lion's den" as it were, of fitting in too perfectly with the manner in which the ideology of globalization wishes to be seen. Migrant artists have gained a perpetual pass into mega-exhibitions and biennials as the darlings of the art world.

What processes are a part of these world forums for cultural exchange between North and South — cultural integration or culturally legitimized segregation — or whether they only aesthetically mask the contradictions between the rulers and the ruled, or whether on the contrary they actually strengthen the self-image of the poor and oppressed, all remains an open question, despite a previous pessimistic estimate of the situation. Even the location — in the 1970s a meaningful geopolitical distinguishing category — today still plays only a vague role. Biennials in South Africa, Africa, Asia or Australia look organizationally just like the biennials that take place in the capitals of the leading industrialized states — in Berlin, in other words, in Venice, Lyon, or the Yokohama triennial — first because Western curators and exhibition organizers rotate through all continents (towing the mondial art community after them), and second because the rich industrial states and their multitude of supporting institutions take upon themselves the financing of the national pavilions.

CLOSING REMARKS

I would put forward the question of whether cooperative projects between North and South in the field of art are an instrument or propaganda organ for apostrophized world art in the era of globalization, and bring the "other" and "strange" before the public, in order to make it acceptable within a globalized cultural economy as an act of self-presentation, and to make it consumable as merchandise.[14]

The argument of "authentic experience" so often heard in the field, which modernism stage-manages as the confrontation between viewer and artwork, is carried to the point of absurdity in many such North-South art projects, as if this "authentic experience" had to take place in confrontation with aboriginals in Sydney or with the club scene in Berlin.

The standardized mixture of presentation models — as, for instance, Harald Szeemann did in the exhibition *dAPERTutto* during the 1999 Venice Biennial — points to an issue extremely important today: since art is increasingly swallowed up in its cultural presentation models and its economic framework, it is increasingly becoming identical with the

Installation view *The Big Show : Healing*, NICC Antwerp (2001)
Guillaume Bijl *12 Historical Objects*, 2001 (detail: Alain Delon's motorbike)
Tatjana Doll *Treppenaufgang*, 2000 (enamel on canvas – 345 x 170 cm)

HEALING

An investigation into the full implications of globalization as a Western idea — beyond mere post-colonial self-examination — can apparently not be done without turning the spotlight on a number of traumas of Western civilization and the manner in which today they to a greater or lesser extent translate into a "culture of display," the sum of production and representation platforms for contemporary art, and the manner in which they serve in the work of a large but specific group of artists of various generations.

Healing is an exhibition that interrogates the functions of these exhibition platforms: how they can be transformed from a "culture of display" (a place where "the other" is shown) into a conflict zone where the distance and isolation mechanisms of simply showing can be surmounted. Over the past decades more than one exhibition has been constructed as a contact zone between various cultural dispositives. Except from behind the façade of the politically correct exhibition model, the hybrid as deconstruction of cultural authenticity (as a strategy of resistance within such a model of cultural one-way communication) could not prevent the inclusion of the exotic as a mirror of Western narrative and desire in a Western field of cultural commoditiess, in order to in this way hasten the institutional integration of the exogenous. *Healing* opts for a differently multi-hued friction that is not primarily focused on a monolithic cultural concept, but which links the fragmented identification of the hybrid with the traumatic. The cultural parade in which Eastern Europe, Africa, Latin America and even Australia could appear in past years from a romanticized or utopian pluralistic perspective as yet has not ushered in the institutional transformation that its accompanying discourse seemed to announce, and instead has prematurely resulted in the institutionalization of the exogenous, legitimated by a shift in economic and art historical centers of gravity.

Documenta 1, 1955
Poster

In *City of Quartz* Mike Davis develops a diachronic account of the development of Los Angeles on the basis of its appearances in popular and high culture, an account of the evolution of architecture and urban planning projects in relation to demography and migration.[1] From the cradle of the Hollywood culture — which was also, for instance, a refuge for Thomas Mann during the Second World War — as research into the meeting of fiction and reality in relation to a concrete place, *City of Quartz* unconsciously offers us a model for isolating and anaylzing the hybridization of cultural values — what is generally termed the "third space" — as a territory within the utopian but also dystopian exponents of present society. Continuing along the lines of *City of Quartz*, *Healing* makes room for investigation into the utopian, the dystopian, the exotic and memory in relation to what we can characterize as the collective imagination of Western society, and the way in which this itself becomes the object of mechanisms of displacement and democratization. In contrast to an image of a place in *City of Quartz*, *Healing* offers a cartography of the imagination in an overarching field of cultural displacements. *Healing* attempts to stretch the dispositives behind this atlas of cultural production and the scale in which they permit themselves to be mapped from 1:1 to infinity, in order to trigger this collective imaginization and its democratization along a number of historical, political and cultural fault lines. In this perspective,

1.
Mike Davis, *City of Quartz: Excavating the Future in Los Angeles* (London: Verso, 1990).

Healing is not the place where geographic zones fit into one another under the pretext of a post-historic reconstruction, but the table on which someone working a jigsaw puzzle tries to formulate a total image with the picture side of the pieces turned face downwards, so as not to be misled by the image that is forming. The variance that subsequently can be found, can be seen as a surplus of meanings that is lost behind any image.

I LIKE AMERICA AND AMERICA LIKES ME

Two landmarks can be established in order to historically situate a proposed investigation of this sort. In May, 1974, the German artist Joseph Beuys lived for three days in a wire mesh cage in the New York gallery space of René Block together with a coyote imported from New Mexico. Second only to his whole oeuvre, *I Like America and America Likes Me* is probably Beuys' longest performance: it began with his departure from Europe and ran until more than a week after his return. The performance brings together two elements which are of interest for *Healing*: animism, or the shamanic healer of the culture as an appropriation — as in many performances, Beuys relied on contact with an animal — in the case of *I Like America*, in order to delineate the strained relations between Europe and

I Like America and America Likes Me, 1974
Joseph Beuys
Documentary video, black & white, 28 min
Collection S.M.A.K., Ghent

the United States. The animal in question, a coyote, symbolizes the intact state of the America that attracted Beuys' approval, a virgin, natural situation that is related to Jean Jacques Rousseau's idealized descriptions of nature, for instance. Politically, Beuys' visit was directly connected with the American intervention in Vietnam; the artist refused to visit the United States for the full duration of the Vietnam conflict. In addition to, and through the principle of animism the ideal of *Wiedergutmachung* also comes to the foreground in *I Like America*, something which like a trauma apparently pursued Beuys more than any other artist, after his airplane crash in the Crimea.

Against that trauma, Marcel Duchamp's *Rotoreliefs* are playing on six record players in a furious attempt to involve the viewer in a different hypnotic spell. *Rotoreliefs* robs the rapture generated by Beuys of all spontaneous naturalness by unmasking the subconscious as an experience which can be created technologically, by mechanical means; the sexual subconscious is placed in the same line with the motor in a record player. Duchamp, who has gone down in history as the founder of the surrealistic heritage, reduced art to an equivocal but demystified libidinal principle; literally in the scopic regime that is introduced, figuratively in the erotic connotations that Duchamp himself connected with the bulging and concave illusions that moving spiral motifs produce.[2] With *I Like America* and *Rotoreliefs*, two extremes of European culture stand opposite each other: the improbable dramatics of Europe's healer — in a certain sense Beuys plays his role in the shadow of Albert Schweitzer — who abides in the new world to conclude a romantic pact there, make Beuys the last enthusiast of a naive desire for the greater order of the cultural subconscious. Diametrically opposite that stands Duchamp as the first cynic of that great order. In this antithesis the continental eye is partially delineated, or at least we have the

2.
The discs were first presented on August 30, 1935, at the 33rd Concours Lepine, an inventors' fair in the Parc des Expositions in Paris. Duchamp rented a small stand of three square meters, aisle F, stand 147, and received an Honorable Mention in the industrial design category from the exhibition's organizers.

extremes between which it reveals itself: the romantic, idealized appropriation of "the other," or the extreme retreat into the libidinal and rational self. Translated to today, the artist appears on the scene alternatively as voyeur of the local and as pornographer of the global. Slightly out of focus we witness the appearance of a closely woven collective trauma in which pragmatism and idealism take root as displacements in memory and downright revisionism, respectively.

On May 16, 1996, while walking in the area formerly occupied by the Buchenwald concentration camp, Andreas Slominski found a 1 pfennig coin from 1943. *Glückspfennig* [Lucky penny] is now a "radio jammer" in a discourse regarding aphasia and complicity: the coin is exhibited in a glass cabinet with a short accompanying text regarding the time and place where the object was found. In all ambivalence it discharges a bit of the potential meanings and contradictions it has accumulated since 1943: a surplus of meanings, like

Rotoreliefs, 1935
Marcel Duchamp
Set of 6 disks (20 cm), with a drawing on each side printed in color by offset lithography, to be seen as they rotate at the speed of 33rpm
Edition of 500 (of which ca. 300 were accidentally lost)
Collection Ronny Van de Velde, Antwerp
Installation view *The Big Show: Healing*, NICC
Antwerp (2001)

the ultimate cynicism of the logic of consumption, is embodied in a portable fetish. In *Glückspfennig* megalomania takes on the form of something which is hardly visible, "conscience" as a sick joke and beauty in its most extreme perversion. Opposite Slominski's well-aimed archaeology stands *Painting Cocks*, a performance by Jiro Yoshihara from 1956. The image of Yoshihara, who is covering living chickens with paint in a performance staged for American *Life* reporters, is situated in Japan of just after the interventions of the Second World War. Yoshihara's performance was offensive, so offensive even that the *Life* reportage was never published. The performance showcased a gross misconception

Glückspfennig [Lucky Penny], 1996
Andreas Slominski
Reichspfennig from 1943 found on 5/16/1996
on a mole-hill in Buchenwald,
Copper – diameter 1,6 cm
Courtesy Produzentengalerie, Hamburg

(according to American norms) about the concept of painting. During the second half of the twentieth century, to the degree that time passed the early experiments in painting by the Gutai group gradually came to be more and more considered as forerunners of the performance art that in its international form dropped in on the United States only about ten years later with the happenings of Alan Kaprow, among others. However, the movement quickly established connections with the informal movement in Europe and was thus for a long time denied every claim to affinity with action painting or happenings. Fifty years later, *Painting Cocks* entirely unexpectedly transcends the narrow boundaries of the debate about media and integrity in order as overpainted reality to meet its archaeology in *Glückspfennig* and its own animal trainer in Joseph Beuys.

As a principle of animation, Beuys' animism is totally politically de-idealized by Kerry James Marshall. Coming out of the civil rights movement, Marshall concentrates radically on black identity and dignity. For *Carnegie International 99/00* Marshall conceived *Rythm Mastr*, a comic strip printed on newsprint, designed for plastering up on the windows. Across the whole façade of the exhibition space the newspaper comic denies a view inside from outdoors, and of the street from inside. With that half-public, half-private intervention, *Rythm Mastr* refers to the quickly changing real estate sector, urban flight, the coming and going of shops and the covered-over windows that mask renovation work. As a visual

Painting Cocks, 1956
Jiro Yoshihara
Performance
Courtesy Ashiya City Museum of Art and
History, Ashiya

Untitled, 1988
Andreas Slominski
Fabric
Collection Museum für Moderne Kunst,
Frankfurt

Heizen, 1996
Andreas Slominski
Stove, windmills vanes, various materials
Courtesy Produzentengalerie, Hamburg
Installation view *Heizen*, Hamburger Kunsthallen (1997)

Kemuri [Smoke], 1956
Sadamasa Motonaga
The One Day Outdoor Exhibition at the
Yoshihara oil company factory
Courtesy Ashiya City Museum of Art
and History, Ashiya

Foot Painting
Kazuo Shiraga
The One Day Outdoor Exhibition at the
Yoshihara oil company factory
Courtesy Ashiya City Museum of Art and
History, Ashiya

Jiro Yoshihara at The One Day Outdoor Exhibition, April 9, 1956
At the Mukogawa-river, Amagasaki
Courtesy Ashiya City Museum of Art and History, Ashiya

narrative, *Rythm Mastr* connects the global with a dystopia: the decline of the post-nation-al society is being fought out in an urban Armageddon. Newspaper reporters, one-day heroes and activists populate a fictional story that can never be read from one end to the other because of the transparency of the paper. Stylistically *Rythm Mastr* ranges some-where between a realistic narrative comic strip and a cartoon, this intermediate position

permitting access to the grotesque depiction of cultural stereotypes. By the projection of a cultural past onto the future, in *Rythm Mastr* in addition to the kimono the African mask, for instance, is once again a source of inspiration, not for the artist, but for the radical subculture that avails itself of an arsenal of cultural legacies. *We Mourn Our Loss* is a series of images that Marshall realized at the end of the 1990s. The multiple panels present the Kennedy brothers and Martin Luther King as a modern trinity for younger generations, and like Slominski's *Glückspfennig* focuses on a problematic presence. In the exhibition a direct confrontation is sought with Beuys' euphemism *I Like America and America Likes Me*.

Rythm Mastr, 1999–2001
Kerry James Marshall
Offset printing on newspaper
Courtesy Jack Shainman Gallery, New York
Installation view *The Big Show: Healing*, NICC
Antwerp (2001)

The Canadian artist Stan Douglas provides a bridge between the American subculture of *Rythm Mastr* and European high culture. *Deux Devises: Breath and Mime*, an audio-visual work from 1983, primarily subjects the medium of film to a decon-struction on two basic principles: breath and mime. *Deux Devises* is comprised of two successive slide projections with audio tapes. The first section, *Breath*, consists of a projection of a typed English translation of the 1864 song *Ma belle rebelle* [My beautiful rebel] by the French composer Gounod. On the neutral grey background of the projected slides the subtitles of the song enter into an elliptical relation with an absent image. In vain laments, the song itself describes an unattainable love, to form the soundtrack for a still more fundamental loss. *Mime*, the second section, refers to the literally inspirited nature of the moving cinematic image, the illusion of which is created by a fast succession of projected images, in the case of *Mime* images of Douglas' mouth. The soundtrack for *Mime* is Robert Johnson's 1936 *Preachin' Blues*. Two musical forms, the classic *Lied* and the blues, appear opposite one another in *Deux Devises*, so that, by very simple means, the building blocks of film may be caught out in an even more fundamental form of loss: that of human representation and as a consequence, of identity. In *Mime* too loss appears as a displacement, in close conjunction with the blues, sung about in *Preachin' Blues* as a spell that enters the body and later leaves it again. From this perspective, *Deux Devises: Breath and Mime* can be read as a self-portrait. The black artist, who grew up in Canada, can only simulate the identification with Johnson's blues; identification can only be filled in by mimesis, thus in that way remaining inadequate. *Deux Devises* is the split incarnation of the impossi-ble coincidence of representation and identification as foundation of the symbolic order.

James Dean's Tragic End, from the series
Plötzlich diese Übersicht, 1981
Peter Fischli & David Weiss
Unfired clay
Collection J.-P. Jungo, Genève

We Mourn Our Loss #2, 1997
Kerry James Marshall
Acrylic and glitter on MDF panel – 122 x 91 cm
Courtesy Jack Shainman Gallery, New York

Rythm Mastr, 1999–2001
Kerry James Marshall
Offset printing on newspaper
Courtesy Jack Shainman Gallery, New York
Installation view *The Big Show*: *Healing*, NICC Antwerp (2001)

Douglas works in a similar way in *Hors-Champs*, a video installation in which a recording of a playing jazz ensemble is shown on both sides of a projection screen hung in open space. Douglas employs two different cameras. The one assumes the official television style of the 1960s, and shows individual musicians in close-up, with the camera focusing each time on the musician who is performing the sustaining melodic line at that moment. The other side of the screen shows the same musicians at apparently less crucial moments, waiting and anticipating the moment when they will take over or support the line. The soundtrack is a recording of Albert Ayler's *Spirits Rejoice*, which quotes the *Marseillaise* and the *Star Spangled Banner* — not by chance two revolutionary composi- tions that form the republican foundations for the countries of France and America. The cinematic distinction between auditively crucial and musically equivalent parties further carries through this investigation into the strained relation between representation and identification. As with Stan Douglas, Kerry James Marshall's identification with JFK and Martin Luther King (in Marshall's case, by graphic means) is directed toward the alternating invitation to and failure of identification. The paintings in *We Mourn Our Loss*

are manipulated with a printing technique through which gradually, over the multiple panels, the faces of the protagonists slip over one another; on the one hand in this way a symbolic condensation of ideas is accomplished; on the other, iden- tification is rendered more difficult by a masked face.

Hors-Champs, 1992
Stan Douglas
Video installation
Dimensions variable
Courtesy David Zwirner Gallery, New York
Installation views at Musée d'art contemporain,
Montréal (1996) and ICA, London (1994)

In 1981–82 the Swiss artist duo Peter Fischli & David Weiss splashed out with *Plötzlich diese Übersicht* [Suddenly this overview], a collection of 180 works in unfired clay presented in Galerie Stähli in Zurich. In comparison with the thematic specificity and precision of the two works by Stan Douglas mentioned, the subjects that were broached by Fischli & Weiss in *Plötzlich diese Übersicht* are too diverse to neatly categorize. What appears as structure on the surface of *Plötzlich diese Übersicht* is panoramic persiflage rather than the juxtaposition of two dispositives. One scene from this collection of figurines bears the title *James Dean's Tragic End*. On a small base an asphalt road is roughly indicated by a dotted line. Next to the road stands a tree, with a small auto against it. *James Dean's Tragic End* summarizes the death of the model American hero in a lump of unfired clay, monumentalized on the scale of a miniature. As a totality, *Plötzlich diese Übersicht* formulates an appeal to the collective from a somewhat contrary staging,

Deux Devises: Breath and Mime, 1983
Stan Douglas
Installation with black & white slide projection and audio
Courtesy David Zwirner Gallery, New York

by alternatively concentrating on key phases and apparently banal details, as Douglas does in *Hors-Champs*. *Plötzlich diese Übersicht* presents this varying concentration at the scale of history, which becomes the stage for a perfidious, playful dramaturgy. The same panoramic image is presented by the artist duo in *Sichtbare Welt* [Visible world] from 1987–99, an 8-hour-long video projection constructed as a parade of banal and arche-typical views that are joined to each other by fade-outs. *Sichtbare Welt* offers a presenta-tion of the ideal landscape without creating an entrance for the imagination while doing so: the rhythm of the image projection in *Sichtbare Welt* is too fast to concentrate on the individual image. Rather than a cinematic narrative, *Sichtbare Welt* gives us the centrifugal and centripetal course of a turning spiral, in order to deliberately not penetrate the surface layers of popular visual culture.

PAY FOR YOUR PLEASURE

As a provisional closing section for his work of documenting the various phases of Russian society, in the late 1990s Boris Mikhailov realized the photo series *Case History*. Bound together, *Case History* pictures a series of people who, as Mikhailov says, "had recently lost their homes. According to their position they were already bomzhes [bomzh = the homeless without any social support], according to outlook they were simply the people who got into

trouble. Now they are becoming the bomzhes with their own class psychology and 'clan' features. For me it was very important that I took their photos when they were still like 'normal' people. I made a book about the people who got into trouble but didn't manage to harden so far."[3]

Mikhailov's viewers are also not yet hardened. The voyeurism that grad-ually travels from image to image in the raw, almost pornographic enlargement in order in the end to take aim at the viewers themselves seems planned as a brazen attack on an insatiable hunger for images. *Case History* was made entirely in color. From a pictorial manner of investing the image with emotional distance and historical patina (Mikhailov's previous series — the brown series and the blue series — were processed with toner), here

3.
Boris Mikhailov, *Case History* (Zurich: Scalo, 1999), 5.

TV-Mania, 2001
Boris Mikhailov
Color photograph

Dr. Hoffmann on the First LSD Trip, from the series *Plötzlich diese Übersicht*, 1981
Peter Fischli & David Weiss
Unfired clay
Courtesy artists and Gallery Hauser & Wirth & Presenhuber, Zurich

Anna O Dreaming The first Dream Interpreted by Freud, from the series *Plötzlich diese Übersicht*, 1981
Peter Fischli & David Weiss
Unfired clay
Courtesy artists and Gallery Hauser & Wirth & Presenhuber, Zurich

Blood or Money, from the series *Plötzlich diese Übersicht*, 1981
Peter Fischli & David Weiss
Unfired clay
Courtesy artists and Gallery Hauser & Wirth & Presenhuber, Zurich

Mick Jagger and Brian Jones Going Home Satisfied after Composing I Can't Get No Satisfaction, from the series *Plötzlich diese Übersicht*, 1981
Peter Fischli & David Weiss
Unfired clay
Courtesy artists and Gallery Hauser & Wirth & Presenhuber, Zurich

Images from *Sichtbare Welt*, 1987–99
Peter Fischli & David Weiss
8-hour video/slide show
for Documenta 1999
Courtesy artists and Gallery Hauser & Wirth & Presenhuber, Zurich

TV-Mania, 2001
Boris Mikhailov
Color photograph

the layer of age over the image is exchanged for visual means that situate the image and its subject historically. By iconographic references and employing classical composition, *Case History* invests its subjects with an unmistakable historicity: the Christ figure, the shepherd scene, the odalisque, but also the gas chamber. Apparently separate from *Case History*, over the course of 2001, Mikhailov realized a series of photographs in his home in Berlin. The photographs are still shots from a television screen: war scenes, pin-ups, politicians, sports events and news readers. Because they were shot directly from the screen, the corners of the pictures are rounded off in a frame of light. In order to fully understand a series like *Case History* it is important to read this provisional sketch material on the same terms. The recent series of television snapshots in fact contains the same symbolic substrata that were employed in *Case History* to invest human suffering with a — perhaps perverted — dignity. In this sense *Case History* is no more than a mirror of the media society with which it competes morally. The fact that Mikhailov paid his models for *Case History* is a further enlargement of a logic that, when expanded over the field of Western culture, would allow for being summarized in the slogan "pay for your pleasure." *Case History* involves a confrontation with the DNA of alterity, a revelation of its formula; first the impossibility of entrance into capitalism, and, finally, connected with that, exclusion from the symbolic order.

Case History, 1997–98
Boris Mikhailov
Color photograph – 125 x 185 cm

TV-Mania, 2001
Boris Mikhailov
Color photographs

12 Historical Objects, 1999–2001 (details)
Guillaume Bijl
Alain Delon's motorbike, the first camera of Rainer Werner Fassbinder, a Beatles suit from the shots from Sgt. Pepper's Lonely Hearts Club Band, a boxing glove from Muhammad Ali,
a one-sitter from Sigmund Freud, a chair from Maria Callas, and a toque from Princess Di
Installation view *The Big Show*: *Healing*, NICC Antwerp (2001)

In the exhibition Mikhailov's picture series is indirectly confronted with a collection of objects from the second half of the twentieth century: Alain Delon's motorbike, a one-sitter from Sigmund Freud, a chair from Maria Callas, Pélé's football, the first camera of Rainer Werner Fassbinder, a microphone used by Malcolm X, a fishing line from Ernest Hemingway, a golf club from George Bush, a boxing glove from Muhammad Ali, a handbag from Twiggy, a Beatles suit from the shots from Sgt. Pepper's Lonely Hearts Club Band, a coronet from Mata Hari and a toque from Princess Di. Each of the objects is accompanied by a short biographical note and a portrait of the prominent person against a blue, red or yellow background. The presentation is too institutional to be a private collection or an expression of a dilettante spirit. Like THE BIG SHOW itself, *12 Historical Objects* — an installation by Guillaume Bijl — is a simulated collection that could express a collective memory of the greats of this world. Presented on pedestals, however, the collection of memorabilia undermines the exhibition as a Western medium, while at the same time reinforcing the link between objects and meanings, mediated by context and authenticity, as an unbreakable obligation.

12 Historical Objects, 1999–2001
Guillaume Bijl
Installation with 12 historical objects
Installation view *The Big Show: Healing*, NICC
Antwerp (2001)

Tatjana Doll's large lacquer paintings of objects at life size reduce the image itself to a function as a symbol or sign. However, more than a semiotic substitute for the image, the billboard size panels by the Berlin artist are engaged in a discourse about urbanization, in which the sign function of the image is grasped as a motive and as a strategy with regard to the visibility and readability, but also the camouflage of the image in relation to mass urban and social issues. Apparently stripped of every form of intimacy, Tatjana Doll's depictions are depersonalized in order, by refusing every form of subjectivity, to provide connections with popular culture in a redefinition of the subject as type. Apparently involving no critical judgement, by their doubling of the signs that invisibly structure and discipline the social fabric the images are a sharp commentary on social problems. Doll's work is therefore very valuable for investigating the complexities of urbanization, and the manner in which social mechanisms are active in it. Doll's paintings seek to connect anew with a form of mass production, without aiming at seriality or repetition. Where late-modern painting's relay of image and meaning was once still able to formulate a critique on the modern image as fetish, Doll's work integrates the indexical and iconic functions in order to formulate itself in a large scale as directly as possible, without in the process relating painting itself to a tradition and its alibis. Earlier series by Doll approached a

Hello Bunita Markus, 1998
Daniela Keiser
Music installation for the exhibition *Stadt im Sommer* [City in summer] at STAMPA, Basel – piano: Hildegard Kleeb, compositions: Markus
Dimensions variable
Courtesy STAMPA, Basel

coincidence of image and scale of representation: a group of images of lorries and containers were fitted in to the frame of the canvas at full size, in that way bearing witness to the need for redefining contexts and visibility in a new economy of images in order to bring the image into an unconfused balance with the reality in which it is situated. In the enlargement of a socially performant sign system, the mediated access to the symbolic order that Mikhailov created is focused by Doll on the mechanisms that are active within it.

Une personne nsaka mwabi, 1981
Tshibumba Kanda Matulu
Oil on fabric
Collection E. Vincke, Brussels

Cambrian Period, 1992
Hiroshi Sugimoto
Black & white photograph – 51 x 61 cm
Courtesy Sonnabend Gallery, New York

framework for an exhibition, except in helping to transform the exhibition itself as a thought platform into an artwork. At this point the exhibition in search of cultural knowledge would be tempted to — and legitimized in — finally leaving aside artwork in a drive to become more transparent knowledge that can do without art as a vehicle for meaning. What one was actually witnessing at the Berlin conference was a hybrid — Bhaba — beamed up through space, becoming part of the staged event or media spectacle (of which nobody wanted to fully acknowledge that it is not a question of escape from it, for we are all at the heart of its functioning, but rather of transforming it with artistic strategies and vice versa).

A dinner at a Turkish restaurant helped me to reach my conclusions on these ideas: on the restaurant's menu it said, "If you have complaints, come to us; if you were satisfied, please tell other people." In the case of the Turkish restaurant owner this protectionism makes sense. In the case of a large-scale exhibition defining itself as a reinvigorated platform for critical thought the stakes are somewhat different, not in the least because the exhibition itself is developing along the lines of a media society, able to appropriate and reinscribe anything under its own enunciative potential. In this sense there is a remarkable

Permian Land, 1992
Hiroshi Sugimoto
Black & white photograph – 51 x 61 cm
Courtesy Sonnabend Gallery, New York

parallel between the conditions of the "third space" and those of the media society, causing a radical shift in the balance of critical thought and strategies of resistance, locating both back at the heart of the artwork which will have to become a critical agent within and directed towards the context of the exhibition itself, at the risk of mere tautology and redundant textuality. An investigation into the mechanisms that are the basis for this would have to lead over the structure of the actual art exhibition, the manner in which it is linked with new forms of capital, with stimuli for urban planning, and more generally with a socially relevant performative value of art and a democratization of the imagination, but perhaps it must first of all be an investigation into the refusal to operate within such a framework (for this is intentionally to adapt to it), in order to escape an image which is already institutionalized in advance.

SYMPATHY FOR THE DEVIL

Adrian Piper's *The Big Four Oh*, a video marking Piper's fortieth birthday, shows Piper dancing with her back to an imaginary viewer. Very much like Piper's early performances

Scene 1, 1998–2000
Karin Hanssen
Oil on canvas – 168 x 156 cm
Collection C&A-Services

now and then He and She are interchanged, every so often the male character is addressed as Mary, in order to destabilize the concept of identity beneath the superficial layer. The trip in *Passage to the North* is never begun; it takes place inwardly as a linguistic exploration of the definition of the I. *Passage to the North* and Adrian Piper's *The Big Four Oh* confront each other in a chiasma. The two works stand on contrary axes from which arrows depart diagonally toward the (absent) antithesis of the other pole. *Passage to the North* queries its own axis with an interior image, the elliptical representation of the geographical.

Landscape itself appears in the work of Karin Hanssen. Her scenes of expansive landscapes are in most cases broken by a passive human presence. A group of three adults stand opposite a widely extended lake; two women, back to back, glance over a hill top. Both works are part of the series *Scenes* (1998–2000). Superficially, Hanssen's work could be an expression of something like free time, in a manner that calls up unconcealed references to Edward Hopper. Hanssen's drawings, on the other hand, shed a different light on the peaceful afternoon sun of *Scenes*. *Modern Living* is a series of works on paper from the same period, in which the luminosity of the series of paintings is mitigated. What still rests of romanticism in *Scenes* is here exchanged for a minimal form of suspense. The colored image (Hanssen's paintings are in almost all cases based on old color photographs) becomes frozen into a mental still. *Modern Living* could be the unprinted flip side of Kerry James Marshall's *Rythm Mastr*, in a less grotesque depiction of the departed daily comfort

Modern Living, 1998–2000
Karin Hanssen
Pencil on paper – 9 x 13,5 cm

Modern Living, 1998–2000
Karin Hanssen
Pencil on paper – 6,5 x 11,5 cm

of a predominately white society. More, however, than with Marshall's protagonists getting it in their sights, the world that appears in *Modern Living* is in itself the same sort of appropriation of a near past. Like Marshall, Karin Hanssen introduces something which can be termed auto-exoticism, not as a non-committal recontextualization of "signs and symbols," but to problematize the inevitable confrontation with history and its inaccessibility. In Hanssen, the viewer is subjected to the temptation to take on the mimetic role of accomplice to a not so far away past.

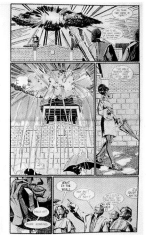

In the work *Edge of a Wood*, by the Canadian Rodney Graham, an image of landscape also appears, spread out like a trap for the unwary viewer. *Edge of a Wood* goes back to two earlier works, *Illuminated Ravine*, from 1979, and *Two Generators*, from 1984. A night image of the edge of a woods is projected simultaneously on two screens. The 8-minute-long project begins in total darkness and silence, until the slowly approaching noise of a helicopter is heard. The helicopter comes ever closer and throws a brilliant spotlight onto the woods. The back and forth movement of the spotlight from left to right prevents a coherent image from being put together, and only separate, isolated fragments are visible. Like *Illuminated Ravine* and *Two Generators*, *Edge of a Wood*

Printed page from *Rythm Mastr*, 1999–2001
Kerry James Marshall
Offset printing on newspaper – 42,5 x 57 cm
Courtesy Jack Shainman Gallery, New York

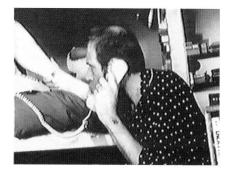

Stills from *Passage to the North*, 1981
Lawrence Weiner
16 mm film tranferred to video, 16 min

also deals with a conflict between subject and object, between nature and culture. An element of civilization appears in the three projects as a technologically created illumination, one which at the same time is responsible for an aggressive intervention into an otherwise tranquil harmony. The obtrusive noise of the helicopter and the fierce lighting from which no coherent image can be perceived create a moment of irritation and disorientation. With Graham, the fragmentation of the image, reminiscent of Freud, is directly focused on the looking subject.

In 1992 the Japanese photographer Hiroshi Sugimoto realized a series of landscape images that are reminiscent of Graham's subject/object relationships. Sugimoto's black and white shots of reconstructions of prehistoric landscapes in natural history museums hover on the edge of the manipulated image. The dioramas in which a selection of prehistoric land and water animals appear are multilayered: in the foreground they are reconstructions, in the distant background the continuation of the landscape is painted. Their rendering in Sugimoto's work results in a photographic reduction of an atmospheric perspective. More than accurate reconstructions, the images that Sugimoto reproduces are fecund cross-pollinations between poetry and science, the apparent counter-ideal of Rousseau's virgin nature, the result of a demand for a genesis narrative from a utopian projection onto the past.

A comparable hybrid of poetry and science is to be found in a series of paintings by Tshibumba Kanda Matulu. At the end of the 1960s the painter began work on a series of paintings commissioned by the Belgian anthropologist Eduard Vincke. The works dealt with diverse themes such as extraordinary births and exceptional social positions of individuals derived from their birth or omens. One of the works shown is a depiction of *Une personne nsaka mwabi*, a medical portrait, smaller than life size, of a rare type of albino, with in the background a landscape scene. Other works show the concrete social restrictions that are imposed: the albino child may not eat the aubergine plant; the last of triplets to be born may not sit at the fire. Both Sugimoto's work and that of Tshibumba are constructed from a diagnostic perspective. Both groups of images are rooted in distance, with an analytic gaze on multiple levels. At the level of communication and identity, no contact is made with the viewer in any of the images at all: *nsaka mwabi* always averts his eyes from his viewer, and the two scenes of everyday situations are enclosed in an image that reveals itself as if from behind a curtain drawn aside, where the exotic and the historical reveal themselves as a shocking diagnosis of two societies: that of the viewer and that of the looked-upon.

The diagnostic perspective in Sugimoto and Tshibumba is made impossible in the work of Gert Robijns, when the viewer and the viewed are placed on the same level in order to permit what is still left of voyeurism to discharge into a form of elementary interactivity. For an exhibition in Ghent the Belgian artist filmed an apartment.[6] The 16 mm films were projected at life size on its door openings and walls. Between the rooms hang projections screens, cut like fly curtains. Every so often a resident wanders from one room to another. The space which comes to life in this way is neither a reconstruction nor a

6.
The work was first shown as part of *Over the Edges*, April, 1 – June, 30, 2000, S.M.A.K. and different locations in Ghent.

Edge of a Wood, 1999
Rodney Graham
Video/sound installation – video transferred to DVD, 8-minute loop
Edition of 4 and 2 proofs
Courtesy Donald Young Gallery, Chicago

Red Spot, 2001
Gert Robijns
Video
Courtesy Zeno X Gallery, Antwerp

magical scenario, but a pictural *Doppelgänger*, every detail of which becomes unstable because of the mechanical projection process. The whole is intangible and is perceived in slow motion, like a souvenir. *Dicht* [Closed] focuses cinematically on an impossible voyeurism by situating itself in a private environment at full scale. The game of doubling that Gert Robijns engages in with reality is already present in the germ in his earlier works. *Kwallen* [Jellyfish] is a 1998 installation in which the rising and descending of jellyfish is imitated with plastic bags and air pumps in a number of oil barrels filled with water. The still earlier *Mayday-Mayday* (1996) is a large basin of water in which a small boat powered by an electric motor receives its current from a centrally placed axis. The vessel can do nothing other than go round and round in circles around its power supply. *Mayday-Mayday* burdens the visitor with the task of observer. The hypnotic pleasure of a movement limited in its freedom quickly yields, to be replaced by a certain frustration.

Minimal freedom of movement is totally restricted in the work of Katarzyna Józefowicz, in which art focuses on the isolated and domesticated. *Carpet* is a black and white carpet made of thousands of newspaper cuttings glued to strips of corrugated cardboard. The precision with which each fragment, face or body is transferred to the impossible to comprehend whole is in shrill contrast to the origin and life expectancy of the material used: newspapers and magazines. Like her earlier *Cities*, *Carpet* relates to architecture as

Dicht, 2000
Gert Robijns
16mm recording of apartment – projected real-size on walls and screens
Installation in situ, *Over the Edges*, S.M.A.K., Ghent (2000)
Courtesy Zeno X Gallery, Antwerp

Navigation, 1999
Isaac Carlos
Wood, polystyrene grains – dimensions variable
Installation view *The Big Show* : *Healing*, NICC Antwerp (2001)

habitat, considering the carpet as a minimal definition of an interior, and creating the space for human conviviality on the scale of the house.

The domestic in relation to global issues receives a radical psychological investment with Carla Arocha's references to formal Latin American art. Arocha's paintings and installations go beyond a tradition of reconciling the functional with the decorative as the foundation of a utopian project. In the case of *Spacious House*, political connotations are additionally brought into play. As well as being a reference to the present political struggles in Venezuela, the representation of a large umbrella with a camouflage motif also provides an entrance to the placing of the body in a libidinal sign system. Earlier works by Arocha arising from fashion and the camouflaging/semiotic function of the pattern were employed as a projection screen in a complementary subject/object relation, much like Adrian Piper plays out the body in *The Big Four Oh*.

Cities, 1989–92
Katarzyna Józefowicz
Paper, 17 parts,
ca. 250 x 170 x 50 cm
Courtesy Foksal Gallery, Warshaw

Carpet, 2000
Katarzyna Józefowicz
Cuttings from newspapers and magazines, cardboard – 200 x 150 x 5 cm
Courtesy Foksal Gallery, Warshaw

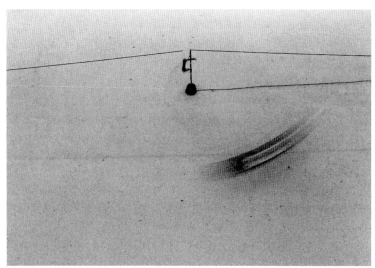

Mayday-Mayday, 1996
Gert Robijns
Polyester basin, small boat with electro motor
Courtesy Zeno X Gallery, Antwerp

The work of Isaac Carlos exchanges the interchangeable role pattern between viewer and masked representation of a social reality for a monologue. The floor is covered with poly-styrene grains, forming an ankle-deep but wadeable layer. The expanse of the landscape is reduced to the dimensions of a room, but within it extends endlessly in white radiance. It is unclear whether one is walking through snow or clouds, but in *Navigation* the sus-pended observation is linked with a blinding that refers back to the whole of the exhibition. *Navigation* exists in a vacuum out of which all sound disappears, due to the thickly piled mass on the floor. It is this space which under the influence of a magnetism of meanings and frictions floats away from *Healing*, and sucks it up as a totality into itself. *Navigation* is the scene in which something could happen that was not written out in advance. One possible script is offered in *We Should Meet Where There Is No Darkness*: a large video screen stands in the middle of the space, toward the back. Water runs down over the screen from above, and two windscreen wipers sweep away the water and projected images of cell division, space shuttle dockings, flora and fauna and a passenger plane flying past. A thin layer of water collects on the floor under the screen and in the dark reflects the projections. Carlos' work is a radical statement. The object of an unintention-al glance is wiped out; unlike as in Piper's work, it is not itself responsible for its appear-ance and disappearance, rather presenting itself as the subconscious of a model of cultural knowledge.

Betontapete, 2000
Gesine Grundmann
Offset print – dimensions variable
Installation view *The Big Show: Healing*, NICC Antwerp (2001)

Betontapete, 2000 (detail)
Gesine Grundmann
Offset print – 84 x 60 cm, each

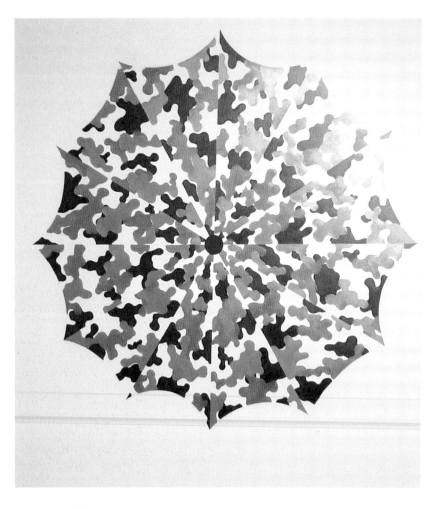

Spacious Home, 2001
Carla Arocha
Oil on canvas – 150 x 165 cm
Courtesy the artist and Monique Meloche Gallery, Chicago

Finally, *Betontapete* is a wall work by Gesine Grundmann in which the fragmentarily perceived image disappears entirely; a wall of the exhibition space is hung with imitation concrete wallpaper. Grundmann's work is an investigation into mimicry and camouflage; earlier camouflage motifs already surfaced on paintings folded between wall and floor, and in hidey-holes that were spread out in the exhibition galleries. Grundmann's retiring contribution appears to take this motif further, to an extreme: the work is completely integrated into the space and coincides totally with the wall surface — it is, as it were, the concrete *Doppelgänger* of the wall — and is accompanied by a chilling and curtailment of the space. Together with *Betontapete* the work of Tshibumba and Sugimoto, which has been brought together in an adjoining room, becomes unequivocally involved with the famous fourth wall that alternatively makes itself, and what is behind it, invisible.

We Should Meet Where There Is No Darkness, 1999
Isaac Carlos
Screen, wipers, water, projection, sound
Installation view *The Big Show: Healing*, NICC
Antwerp (2001)

Within the extensive territory of the exhibition, there was emphatically no attempt made to turn up contrasts between the dissident and the accomplice, in order to see them as complementary terms. Where they still surface, they were primarily sought as abstractions. *Healing* simulates the collection of all elements on the basis of which it would be possible to reassemble a collective memory, without moving from that to valid pronouncements. In that sense the exhibition is doomed to remain a perverted formulation of the dilemmas that are at the root of the present changes in scale in political, economic and cultural thinking. Over against an "in your face mentality," *Healing* offers a subdued concept that tries (like W. Eugene Smith) to focus in on something that always disappears from the image, in order to avoid the affirmation of an already institutionalized image. Over against the commodification of the concept of identity, *Healing* builds in a threshold: not by hybridizing it, because through that it speeds up its own commodification, as this has provided it access to the order of the simulacra by no longer being authentic; but through linking it with the diagnostic, the perverse, in order to permit it to appear as what is centrally at stake in a number of cultural traumas. *Healing* alternatively aims at the failing identification with one's own past, and the complicity in it that the urge to identification causes. *Healing* traces the fault lines that stand in the way of an identification, and where they, as perverse pleasures, encourage this identification.

Healing was assembled to advance substantive judgements, arising from a bringing together of works and artistic attitudes that is limited by time and space, with regard to cultural-political parallels in part defined by the indissoluble bond between cultural *Wiedergutmachung* and commodification, the world stage and the appropriation of cultural stereotypes in an economy of desires and simulations today, and the manner in which the cultural platform, as the territory in which this conception can develop, plays a decisive role in this. At the level of the NICC, *Healing* can be more than just the stimulus to carry investigation further. The open precision and the deliberate limitation of the context are a conscious result of a search for a comprehensive redefinition of the medium of the exhibition and the manner in which it can gain social relevance, without in the process reducing the message to the medium, entrusting it to reality and the precise failure to represent it.

Wim Peeters

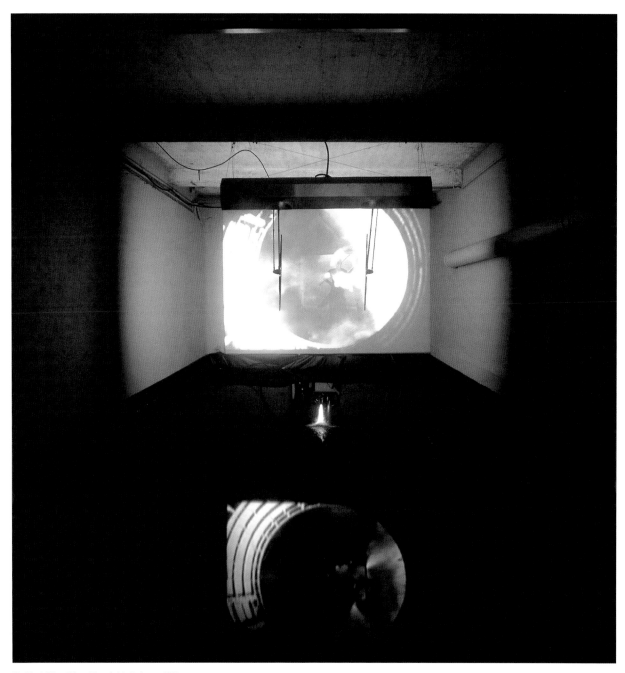

We Should Meet Where There Is No Darkness, 1999
Isaac Carlos
Screen, wipers, water, projection, sound
Installation view *The Big Show*: *Healing*, NICC Antwerp (2001)

Penetrable Diorama with Exotic Landscapes, 2001
Mauricio Lupini
Volumes of *National Geographic*, silicone glue
Dimensions variable
Installation view *The Big Show: Demonstration Room: Ideal House*, NICC Antwerp (2001)

DEMONSTRATION ROOM
IDEAL HOUSE

Curatorial Practice and the Work of Art in the "Age of Revolution"

Modern art is not only the child of the age of critique but it is also its own critic.
Octavio Paz, *Children of the Mire*

As curators we often ask ourselves how effective our role as cultural mediators really is. As inhabitants of what is termed the periphery, when working on a theme for an exhibition we are sometimes divided between dealing with the local cultural context — and addressing issues which may be more familiar to the public as well as working mostly with local artists — or choosing more "universal" themes which, though not at all alien to our understanding of art or to our cultural processes, are not clearly perceived that way and are often labeled as "imported" by local critics and, more often than not, viewed as "appropriated" elsewhere.

In this sense — and thinking about the relevance that certain issues may or may not have in regard to our context, and with the idea of addressing them in a way that would function in several contexts — we conceived *Demonstration Room: Ideal House* as an exhibition that emerges from the need to address certain cultural specificities and to come to terms with our modernity via a critical curatorial practice.

At a time in which our country is experiencing important and perhaps even potentially dangerous cultural changes as part of a "revolution," we felt the necessity to analyze the situation from a curatorial stance by revisiting some of the issues which seem to reemerge in the discourse drafted by the present instances of power. We have, in the brief two years of this "revolution," undergone a change of name (República Bolivariana de Venezuela), which presupposes a questioning of our identity and its reaffirmation, now not in terms of territory but also of cultural meaning — the name Bolivar being somewhat synonymous with "revolution" (specifically with the tenets of the French Revolution and the American War of Independence) in South America.

In terms of our cultural production, specifically in the visual arts, it is also, paradoxically, a period in which we are coming to terms with our "modern identity" some time after the cultural hegemony has acknowledged and legitimized it. However, we should ask ourselves certain questions in this regard. Have we yet dealt sufficiently with our modernism? Have we come to terms with ideas such as avant-garde, utopia, and constructivism, in order to adequately assimilate them into our cultural dynamics, into the way our museums function, the way they organize exhibitions and the cultural discourse they produce? Large survey exhibitions of important but now dead artists undoubtedly contribute to this process of reassessing our modernity. Nevertheless, in the case of this particular exhibition we deemed it necessary to address certain issues that regard modernism rather as a set of ideologies (namely the aforementioned revolution, avant-garde, utopia, and the concept of *Gesamtkunstwerk*, among others). Our aim was to incorporate these issues into the exhibition as elements intrinsic to our practice as curators, but always from the standpoint of contemporary art and contextualized in terms of the legacy of modernism in Latin America.

Venezuela is, at the moment, going through what we might call, not without certain irony, a "Bolshevik moment," which leaving irony aside simply means a moment of change or revolution. And we certainly are going through a lot of changes, which, though disguised under the mask of revolution, are not revolutionary at all but are indeed symptomatic of other and perhaps more important problems. These situations led us to reflect upon the "cultural" changes that accompany this phenomenon, as well as to think about the untimely and pamphletary return of a Marxist-Leninist ideology in the government's discourse. Nevertheless, the return of these ideologies has stirred a "utopian" current in all governmental politics, from housing schemes to cultural policies. We thought it would be interesting to organize an exhibition that would address this "utopian revival" and revisit the original "Bolshevik moment" which is now serving as an example to guide our country through this process of "revolution."

DEMONSTRATION ROOM

In this sense, and also perhaps as a way of reactivating a critical practice that has almost disappeared from our cultural environment, we have taken El Lissitzky's *Demonstration Room* as a curatorial model, but also as an example of utopian aspirations materialized, in order to organize an exhibition about utopian moments and their implications. More importantly — and apart from our need to recall a certain ideological moment in twentieth-century history — the choice of El Lissitzky's Demonstration Room responds to the fact that it is a model that I think is now more than ever in tune with the demands of contemporary art. In his attempt to expand the reach of painting from the pictorial space into the actual exhibition space, El Lissitzky designed the *Proun Room*, which worked as a painting, a sculpture and exhibition room at the same time. Yet, in thinking about the broader context of constructivism and the fact that this "new constructive" art called for different means of display, he developed this concept into a much more complex variant: the Demonstration Rooms, the first one presented in Dresden in 1926, and the second one in 1928 in Hanover commissioned by Alexander Dorner. The Demonstration Room was also a concept akin to the *Gesamtkunstwerk*, or total work of art, but with the particularity that it incorporated the space of the institution itself into the work. This is one of the most interesting aspects of the Demonstration Room, since by effecting the shift from the optic to the haptic he brought about substantial changes in the way exhibitions are organized and designed. These changes were not only of a perceptual order, but have had an enormous bearing on contemporary institutional practices. Benjamin Buchloh, who has written several essays in which he analyzes the ideological implications of El Lissitzky's Demonstration Room, speaks of contingency and particularity as the prime features of the design element in the first and second Demonstration Rooms.[1] The conditions of spectatorship fostered by design details, such as movable panels and relief surfaces that changed color according to the position of the viewer, interfered with "any false assumption about the universal and autonomous readability of aesthetic constructs outside of their specific conditions of presentation and reception." This is to say that the meaning of the work was contingent upon the exhibition itself, thus acknowledging the importance of the "exhibition format" as a vehicle for the production of meaning, and not taking it for granted as a given set of conventions for museum display. More important, Buchloh states that "the paintings and sculptures on display in these exhibition/museum spaces are no longer presented as epiphanic moments of supreme aesthetic truth and universal validity, but as particular objects of historical study, with which the viewer has to actively engage in order to generate an exchange of 'reading' and 'meaning'." This idea of the exhibition space being able to relativize "universal" paradigms is of paramount importance to us in our choice of this model for our exhibition. As curators from the periphery dealing with something normally considered outside the scope of the stereotypes of Latin American art, such as the Russian Avant-Garde and its relation to utopian projects, this dismantling of myths of universality via the exhibition format, as proposed by El Lissitzky's model, seemed to offer an ideal platform from which to articulate our curatorial discourse.

Another aspect of the Demonstration Room that appeals to us is the idea of designing an exhibition (space) in such a way that it fosters a specific experience or reading of the art displayed in it. One that, in the process, ceases to be a mere support or "container space," which is an important issue we thought we should address from a curatorial standpoint. A critique of "container spaces" was carried out by many artists of the late 1960s, specifically those subscribing to conceptualist, minimalist, land-art and site-specific practices. Robert Smithson spoke of "cultural confinement" in reference to a situation where "the curator imposes his own limits on an art exhibition, rather than asking an artist to set his limits [...] Some artists imagine they've got a hold on this apparatus, which in fact has got a hold of them. As a result, they end up supporting a cultural prison that is out of their

1.
Benjamin H.D. Buchloh, "The Museum Fictions of Marcel Broodthaers," *Museums by Artists*, ed. AA Bronson & Peggy Gale (Toronto: Art Metropole, 1983).

2.

Robert Smithson, "Cultural Confinement," in *The Writings of Robert Smithson*, quoted by Craig Owens in "From Work to Frame," *Beyond Recognition. Representation, Power and Culture* (Berkeley and Los Angeles: University of California Press, 1992).

3.

El Lissitzky, *Proun Room*, Große Berliner Kunstausstellung, Berlin, July 1923.

4.

Georges Bataille's ideas regarding the "jobs" taken by words, in this case the word "architecture," are especially meaningful. As Dennis Hollier states in relation to Bataille in his book *Against Architecture*, "when architecture is discussed it is never simply a question of architecture [...] architecture refers to whatever there is in an edifice that cannot be reduced to building, whatever allows a construction to escape from purely utilitarian concerns [...] Architecture, before any qualifications, is identical to the space of representation." See Dennis Hollier, *Against Architecture: The Writings of George Bataille*, trans. Betsy Wing (Cambridge MA and London: MIT Press, 1989).

control [...] Museums, like asylums and jails have wards and cells — in other words, neutral rooms called 'galleries' [...] Works of art seen in such spaces seem to be going through a kind of aesthetic convalescence."[2] El Lissitzky had already perceived the difficulties that arose from the confrontation of traditional methods of display and the new art that was being produced at the time. This is perhaps why his model for exhibitions proposes different instances of spectatorship, which not only prevent the spectator from being "lulled into passivity" (also a kind of aesthetic convalescence) but also thrusts the work of art into a different field of action. In referring to his previous Proun Room, he said "we no longer want the room to be like a painted coffin for our living body."[3]

But more important, this critique of container spaces present in El Lissitzky's model points to the problem of the agency of the artist in bringing about change in curatorial and exhibition design practices. This has been a guideline for this exhibition, since the works themselves determine the way they are exhibited and exert notable influence on how the curatorial premise is perceived by the spectators. In the Antwerp version of the exhibition some artists made special works that clearly addressed the idea of the Demonstration Room and its implications, such as those of Carla Arocha, Mauricio Lupini, Javier Téllez, Gabriel Kuri and Stefan Bruggemann. In many cases they reflected not only on the notion of the exhibition itself but also on other works, establishing cross-references between different works. Thus, it could be said that some of these works, in one way or another, intervened as curatorial "agents" in the exhibition.

IDEAL HOUSE

With regard to the theme of the show we produced within the model of the Demonstration Room, and the motivations behind our choice of this model (namely to address the issue of utopia and representation), we worked on certain associations from ideas. First of all, there is the issue of semantics, as inherent to representation. As I mentioned before, in the last two years we have been exposed to an exaggerated use and misuse of the word revolution, which prompted us to reflect upon the different meanings and also upon the loss of meaning that words can be subject to — not just the word "revolution" but words in general. Also, we were interested in how certain representations could be constructed by the systematic use of some words; specifically how an idea of "revolution" can be constructed through the use of other words such as foundation, structure, infrastructure and superstructure, among others. Many of these words refer to architecture, which has also been the language of preference in the representation of utopia. So in a way we could say that this exhibition deals with the different "jobs" that the word "architecture" has to fulfill.[4]

In this sense, architectural representation was to be a key issue, and we asked the artists to work on the idea of the "project" and the means of representation proper to it; sketches, drawings, blueprints, renderings and models. The idea of project-based works also referred to conditions of production and diffusion of the work of art during the 1960s (another "revolutionary" moment in contemporary culture), and certainly to some ideas advanced by Alexander Dorner upon commissioning El Lissitzky's second Demonstration Room in 1928. It was also the medium to interpellate a particular system of representation such as the exhibition itself; to question the exhibition format itself by the use of a utopian model for exhibitions. These are questions that we leave open, and that each and every one of the different installations of the exhibition addresses in a particular way.

In terms of our choice of the house as a figure of representation for this exhibition, we thought about the fact that representations of Utopia are almost invariably registered on a urban scale. Traditionally the urban configuration and design of the city have been the blueprint for utopian ideas about social and collective behavior. Nevertheless, during the twentieth century, a shift occurred towards the house rather than the city as the locus for the realization of utopian undertakings, and thus, the house became the privileged site of experimentation of twentieth-century architecture. The scale of the house increased the feasibility of these aspirations, making it possible in a way to materialize utopian constructs and to thrust them outside the realm of representation. There is of course a contradiction in this idea, because the power of utopia resides in the possibility of its materialization; once materialized, once outside the scope of representation, it is no longer ideal or utopian. This was one of the ideas we invited the artists to reflect upon; to dwell on this risk of utopia materialized, and in the process ceasing to be utopian, as well as revealing the dark side of utopian aspirations. We nevertheless found "house" to be too generic to allow for the examination of various ideas, and chose three models for the artists to work upon: the cushicle, as an example of nomadic shelter; the shanty, as dystopian reification of utopia; and the *Gesamtkunstwerk*, as reference to the utopian undertakings of the European Avant-Garde. It is interesting to observe that all three of these models can be read from the perspective of failure.

However, our interest in architecture, or rather, in inviting artists to reflect upon architectural practice, responds even more to a "semiotic trend" that has been developing in architecture for the past decades. Architecture has become increasingly project-based, leaving aside the programmatic bases that operate within the design of a building. Umberto Eco says architecture poses a challenge to semiotics in the sense that "apparently most architectural objects do not *communicate* (and are not designed to communicate), but *function*."[5] It would seem now that architecture has taken that challenge to the extreme and is trying to occupy the space of artistic practice in terms of production of meaning, and in the process has abandoned the building as discursive vehicle, turning solely to the project and architectural rendering to better convey its ideas. While this phenomenon has indeed contributed to new forms of architectural practice and critical and theory, it seems invasive of artistic terrain. Specifically it appears so in regard to those practices that

5.
Umberto Eco, "Function and Sign: Semiotics of Architecture," *Rethinking Architecture, A Reader in Cultural Theory*, ed. Neil Leach (London: Routledge, 1997).

emerged in the 1960s, when the concern for context was at the origin of land-art, site-specific installation as well as institutional critique. In a recent article on Thomas Hirschhorn, Benjamin Buchloh also identifies this "trend" and concludes that in view of this phenomenon "any radical aesthetic practice (sculptural or otherwise) must define itself in a contestatory relation, if not manifest opposition, to architecture."[6] This "opposition" to architecture — understood in the sense of making evident this shift in architectural practice from the programmatic to the merely semiotic — has been one of the constants in the work of many of the artists present in this exhibition.

In an exhibition that seems to be entirely devoted to "architecture," the aforementioned opposition to "architecture" evident in many of the works invites the spectator to reflect also on the Demonstration Room, which again can be perceived as an architectural model. In the process, the exhibition itself as a "format" is also called into question, and ceases to be a given. In this sense, recourse to this curatorial figure has also allowed for some degree of experimentation, which in other circumstances would perhaps have not been possible. *Demonstration Room: Ideal House* has been presented in four different venues, under very distinct spatial, institutional and cultural contexts. This model for exhibitions has made it possible to address different cultural as well as contextual specificities, as well as other notions more related to curatorial practice, such as "interpretive modes of display," the insertion of reproductions alongside real works, and simultaneous exhibitions, which challenge traditional notions of exhibition conception and design. But more important, it offers a space for the artist and the work to be agents of curatorial practice, becoming a living space, so to speak, a "space that is not there for the eyes alone, not a picture," but one that "must be lived in."

Julieta Elena González

6.
Benjamin H.D. Buchloh, "Cargo and Cult: The Displays of Thomas Hirschhorn" *Artforum* Nov. (2001).

Demonstration Room: Ideal House

Demonstration Room: Ideal House is a curatorial concept that stems from utopian modern propositions. Considering modernity as a project of abolition of all difference, this exhibition begins from the connections the modern Venezuelan historical process has had with the broad space for utopia, keeping in mind that this approximation focuses specifically on contemporary artistic production.

El Lissitsky's model of the *Demonstration Room* offers the prospect of a double assessment. The first is to reveal how Venezuelan history has been determined by the influence of artistic practice related to constructivism, especially through "kinetic art." In this connection, the experimental integration of various art practices realized by "Venezuelan constructivists" should be noted. Carlos Raul Villanueva's project *Sintesis de las Artes* at the *Ciudad Universitaria de Caracas* is sufficient evidence of such influence in our country. Constructivism was not integrated as an artistic tendency but as a language model considering certain social needs. The other conclusion realized by the Demonstration Room is related to the current political moment in Venezuela. In the twentieth century, the potential for modernization in Venezuela generated by its oil wealth suffered a radical change after 1989. The masses gathered in the streets to violently protest the failure of a model that could not share and distribute the profits generated by Venezuela's oil industry. Since then, a series of events have brought the country to a political radicalization that we have characterized as the "Bolshevik moment." The recovery of revolutionary discourse and the intention of implementing a Soviet socialist model identify this moment: the modern proposition of a tabula rasa with the intention of eliminating all differences.

Beginning with the contradictory terms of "equality of opposites" as a privileged image within the artistic avant-garde, considering the displacement toward an individual dimension of utopian dreams, we proposed to appeal to the history of utopias through the supposed opposition between the museum and the home, substituting the city as an exceptional place of fantastic well-being.

THE HOUSE AND UTOPIA

"Everyone will live in their own personal 'cathedral.' There will be rooms more conducive to dreams than any drug, and houses where one cannot help but love. Others will be irresistibly alluring to travelers [...] The districts of this city could correspond to the whole spectrum of diverse feelings that one encounters by chance in everyday life. [...] Bizarre Quarter — Happy Quarter (specially reserved for habitation) — Noble and Tragic Quarter (for good children) — Historical Quarter (museums, schools) — Useful Quarter (hospital, tool shops) — Sinister Quarter, etc."[1]

1.
Gilles Ivain, *Formulaire pour un urbanisme nouveau* [Formulary for a new urbanism], *Internationale Situationniste* n° 1 (1958).

These various utopian propositions appear as early as in Plato's Republic or the Tower of Babel. Their various forms are infinite, but traditionally preserving a denigratory tone toward the house. From Pindar and Tommaso Campanella and Bacon, for the vast majority of its promoters the representation of ideal life in society involves the elimination of domestic space as a symbolic nucleus of individual well-being. If we look into the origins of Western modernity, the search for the ideal arises at the moment convergence of Thomas More and the discovery of America — the anxiety to create a real idealized society and the discovery of a territory supposedly ideal for such creation, respectively. We encounter the fact that generally the norms followed to achieve a utopia base their possible success on the configuration of collective relations in clear opposition to individual norms.

Looking to our industrial roots, the society of "equality," "liberty" and "fraternity," we also find idealist examples that go in opposite direction, toward the model of the home, labeled as "primitive." From the Phalasteries of Charles Fourier to Robert Owen's cooperative experiments (such as the Formation of Character), the ideal society promotes "community" and represents the beginning of the disappearance of "antagonism between social classes." The memory of Utopo's gold-filled toilette tools (a relative sign of More's values, proposed as methods of practical teaching), as well as the nineteenth-century Saint-Simonian Enfantin's social reorganization under the slogan of free love, are but two examples of the systematic persistence of the effort to create collective spaces to be found in the majority of proposals promoted by nineteenth-century utopian socialists. In Marx and Engels' Communist Manifesto there is another example:

"These fantastic descriptions of future societies, arising in an epoch in which the still precarious proletariat estimates his own situation in a way which is also fantastic, have their origin in the first worker's aspirations that, filled with profound resentment, strive to a complete transformation of society. These socialist and communist efforts also encompass critical elements. The base of existing society comes under attack. In this way material of great value for instructing the workers has been produced. Their positive theses that refer to the great future society, such as the disappearance of the city/country contrast, abolition of the family, of private earnings and of salary, the proclamation of social harmony and the transformation of the State into simply the administration of production: this whole thesis announces the disappearance of class antagonism, an antagonism that begins to profile itself and that its inventors still do not recognize, but in its first confused, unshaped forms."[2]

Between the intent to abolish utopia, in the hands of the utopia aspiring to the disappearance of the antagonism between social classes, and the resurgence of the proletariat Bolshevik revolution, the chronological space is relatively nugatory. During this period the emergence of the modern architectural prototype and the appearance of the house as an axis of social development coincide. According to Leonardo Benévolo, it is during this revolutionary period of the mid-nineteenth century, just before the Communist Manifesto appeared, that still-ruling monarchies began to direct their gaze toward the needs of working class and simultaneously began to develop mechanisms to drain away ideological content through the techniques of modern urbanism. At that moment, both Napoleon II and royalty in England promoted the construction of models for homes, then still unrealized plans for the World Fairs.

Some time later, within a historical climate that was the product of social reforms proposed at mid-nineteenth century, El Lissitzky's model appears. This model attempts to change the relation of the spectator with the work, introducing an element of interaction not much different from one based on the domestic. Walter Benjamin observes that the interior is the space where art escapes. The collector is the true occupant of such an interior. He is in charge of making things clear. He is in charge of Sisiphus' chore, removing the merchandise character of an object and converting it into his property. But he is only able to confer value as amateur, instead of assigning use value. The collector dreams not only of far distant worlds but also of a better one, where men do not provide just for their needs as they do in the quotidian world, but where things are free of their obligation to be useful.[3]

It is that same liberation from utility that is found in the most sophisticated intentions of realizing utopian ideals, such as those inhabitable houses by master architects (from Paladian villas to Mies Van der Rohe's translucent, levitated houses), as the lack of functionality for good measure that is generally appreciated — for the better of creativity or the worse of technique — in the spontaneous architecture of the less privileged classes.
Generally, though, the house has represented the antithesis of progress. Among the Futurists, for example, as recorded in the 1914 *Architecture Manifesto* by Antonio Saint Elia, for a house to comply with its utopian obligation it must resemble a machine in its form and function and must be stripped of all decorative elements not arising from those proper to its construction materials. The concept of the traditional house which the Futurists were attempting to break lacks simultaneity, monumentality and the machinist imagery proper of the city. In the same manifesto we find Saint Elia's most radical proposal for domestic space: the elimination of the stairway, to be superseded by an elevator

2.
Leonardo Benévolo, *Orígenes del urbanismo moderno, Capítulo II, La Época de las Grandes Esperanzas* (Madrid: Celeste, 1979), 112–113.

3.
Walter Benjamin, "Paris Capital of the Nineteenth Century" (1935) *Charles Baudelaire: A Lyric Poet in the Era of High Capitalism*, trans. Harry Zohn (London & New York: Verso, 1989).

located on the façade, looking out to the street. This recalls the gesture by which machines are hidden in corners of houses to lessen their menacing and virile characteristics. In the most advanced and radical European vision, then, the fate of a masculinized image of a house was still privileged to form part of the construction of a new future. Included in the notion offered by Saint Elia in his manifesto relative to city growth, equally confronted with what the image of the house represents, he proclaims that "every generation must build its own city," and the idea that the destruction that implies "the house" considered generally as a refuge is an impertinent figure.

At this point it is necessary to establish the difference between the image of protection that a house offers, in contrast to the protection that a fort or a palace affords. Leaving aside all the sayings alluding to the house as the castle where mankind protects intimacy, the palace or castle on the contrary is really the antithesis of the house. As such, the palace deconstructs the scale, the relation between spaces, and the functional organization of a house. The sense of protection related to the palace is associated with guarding abstract notions such as power, politics and ideology. On the other hand, a house is not perceived to serve these functions, or is it a point of isolation for such service, but instead is perceived a continuous natural space protecting our basic needs, a notion that distances the idea of a civilizing progress implied by Architecture.

In time the house started to turn into a possible site to project the ideal of social progress; Jean-Baptiste Bodin and his *Familistère*[4] are one example. Here it is necessary to underline the consequences of the curatorial invitation to consider the stretch link with our idea of progress. The collapse of present and future, centered on the notion of extreme progress invoked by the industrial era, has led to a series of incompatible spheres.

In the first chapter of Anthony Vidlers' book *The Writing of the Walls*, the putative primitive character of the house is interrogated. Vidlers recapitulates the most primary unity of a shelter through the literary narrative. "Crusoe began to question what kind of shelter he should fabricate: should it be a cave into the Earth or a tent over the Earth." His solution to the dilemma — to build a cave as well as a tent — already incorporated the historic retrospective, perfecting the narration of origins made by Vitruvius, according to which it had taken several generations to evolve from the cave to the shelter covered by vegetation to the cabin. Crusoe's criteria applied to this hybrid shelter were entirely modern, directly paraphrasing Wotton's "physical," "economic," "optical" conditions for the site of an edifice [...] As if wanting to follow Wotton step by step, Crusoe searched a site with drinking water, ventilated, protected from direct sun light and hungry animals and with view of the sea. The chosen site satisfied all the demands [...] Little by little the defensive wall was transformed into the front wall of a more extensive house extending branches over the edge of the cliff, covering them with straw. As he enlarged the cave, he built supporting structures and walls [...] In this way Crusoe's primitive cabin became a sophisticated edifice, attentive to architectural progress as well as the elaborate history of progress."[5]

4.
According to Leonardo Benévolo, Bodin thought of the house as a machine. Benévolo considers him a precursor of Le Corbusier's ideas.

5.
Anthony Vidler, *The Writing of the Walls* (Princeton: Princeton Architectural Press, 1987).

With respect to the house as a site, until then somewhat neglected as a point of departure for developing utopian speculation, Arnold J. Toynbee in his book *Cities on the Move* takes a different, radical direction than the one to which theorists and science fiction writers have been loyally devoted. A type of Utopia is introduced, one that is interchangeable with that of H. G. Wells. Toynbee believed in the urbanization of the future, the Ecumenopolis, which like Wells's Usonian propositions tends to confuse the rural with the urban. Toynbee anchors his proposal for a city the size of the world on a series of considerations that include projections of progress as unearthly as the marginal neighborhood, understood here as the sum of the purest shelter unity. Toynbee expounds on this: "One aspect that we are inclined to overlook, but which should be conserved are the lower class neighborhoods. We cannot dispense with either the lower class neighborhoods or the railway, as sad and antiquated as they may be. To have a roof with leaks is better than to not have one; to travel by train is better than not […] We should build new houses and refurbish old ones, in this way not deliberately depriving ourselves of the maximum amount of possible houses, or applying resources to the malignant activity of tearing down existing edifices — especially if we tear down houses inhabited by the poor with the purpose of clearing out terrain to build houses for the rich."[6]

The affective dimension of the process of individualization of utopias, indispensable to the understanding of the process through which the house has assumed its protagonist utopian role, is emphasized by Guy Debord: "It is necessary that spatial development pays attention to affective realities with the goal that these become structured by the experimental city. Architecture must open a way, taking as its object emotive situations instead of emotive forms. In the end the emerging experiences from this new focus will lead to unknown forms."[7]

The consequences of this space and time in which projections can be developed and the denomination that Ortega y Gasset used to differentiate the fictitious ambit in which a proposed utopia is built intentionally to influence a reality are still difficult to anticipate. It is a dimension marked by the failure of the purely speculative.

Jesus Fuenmayor

6.
Arnold J. Toynbee, *Cities on the Move* (New York: Oxford University Press, 1970).
7.
Guy Debord, "Rapport sur la construction de situations," *Internationale Situationniste* July (1957).

APPLIED FOYER DESIGN (trad. Celtic circa 300 A.D., arranged by Liam Gillick), 2000
Liam Gillick
Paint on wall
Installation view *The Big Show*: *Demonstration Room: Ideal House*, NICC Antwerp (2001)

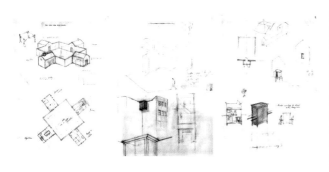

Una casa como Dios manda, 2000
Francis Alÿs
Pencil on tracing paper – 3 drawings (A3, each)

Francis Alÿs' work draws a lot from urban iconography and operates on the basis of the passerby's experience of the city. On this occasion, the passerby, like Baudelaire's flaneur, is at the center of a work titled *Una casa como Dios manda*. In this series of drawings, Alÿs' poetic imagery invites the interpretation of the spectator ("make sense who may"). His oneiric idea of the ideal house is materialized in the form of a somewhat monastic dwelling, at the center of which we find the "room of the lost steps." It is also present in another rendering — in which the monastic aspect is also manifest but in closer reference to dimensions than to design — which points toward the nomadic condition of the passerby and resembles a hybrid between a cell and a cupboard. Alÿs' work is very related to the Situationist experiences of the 1950s and 1960s. More than presenting utopia as a project of transcendental aspirations, Alÿs seems to find it while wandering in the streets, in the experience of the city. His work speaks of utopia as something that is only consolidated in the space of experience.

Ideal Painting, 2001
Carla Arocha
Acrylic on canvas, mirror
Dimensions variable – paintings 200 x 70 cm, each
Courtesy the artist and Monique Meloche Gallery, Chicago

Carla Arocha works with painting as a spatial element that includes the spectator via perceptual experiences of the work. Her installations are an extension of these concerns. *Ideal Painting* subverts the notion of the work as "ideally" self-referential, as in Clement Greenberg's theory of modernist abstraction. Her formal operations — namely the somewhat kinetic optical illusions created by her paintings, and their placement on top of a mirror that reflects the space, the exhibition itself, the spectators and the other works placed nearby — create an ambiguity about the idea of a focal point and the contemplative aspect of the modernist self-referential work of art. Contingency comes into play and the self-referentiality of the artwork is diluted by this operation of displacement that thrusts the work into the context of the exhibition (namely in terms of the space, the spectator and the other works on display) and includes the spectators for whom the work makes it impossible to fix the gaze upon a given point, and thus the work of art.

Anti-Lonely House, 2000
Anna Best
in collaboration with Gemma Nesbitt
Ink on paper and video
2 drawings, 91,5 x 127 cm

Anna Best's performative work engages the community's and the spectator's active participation in the sense that they become the real performers. Her works include a series of events in a bingo club, a Festival of Lying, a wedding commissioned by Tate Modern before the building was opened, and the staging of a dance performance in a gas station. For this exhibition, the artist has invited her mother to collaborate on her project of an "ideal house." The *Anti-Lonely House* is an unrealized communal living model that addresses

the social needs of senior citizens as well as of single and immigrant workers according to the artist's mother's statements in a video interview
conducted by Best. The *Anti-Lonely House* also evokes the garden city
designs of Ebenezer Howard in nineteenth-century industrial England.
Curiously though, the plan of this house coincides exactly with that of Jeremy
Bentham's panopticon design for prisons. The elevation, on the other hand,
speaks of an entirely different use, thus stressing the discursive properties of
the different types of architectural rendering.

EVERYBODY IS THINKING OUTSIDE THIS ROOM, 2001
Stefan Bruggemann
Vinyl lettering
Dimensions variable

Stefan Bruggeman's project for this exhibition consists of a phrase placed on
the wall, referring to the discursive nature of the exhibition and calling into
question the act of looking at artwork in an exhibition space. In this sense, it
deals with El Lissitzky's proposal for the exhibition room as a space that was
not made for contemplation but rather for interaction with the artwork, not
only in terms of perception but also in terms of interpretation.

Churuata-Trailer, 2000
Mariana Bunimov
Ink on paper
6 drawings (45,5 x 71 cm, each)

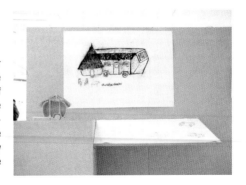

The work of Mariana Bunimov makes a particular emphasis on the hybrid. For
Demonstration Room: Ideal House, the artist has "designed" a house that she
labels *Churuata-Trailer*, which combines the architectural typologies of
Amazonian indigenous communal huts and American trailer homes. The
Churuata-Trailer merges different sets of binary oppositions such as: communal and static housing vs. one-family mobile homes, prehispanic culture
vs. vernacular contemporary American culture. It is a bizarre and uncanny
architecture in which the irrationality of its structure finds an echo in the
irrational and barely feasible aspects of utopian projects.

Home Sweet Home, 2000
Minerva Cuevas
Digital print of Web site
40,5 x 28 cm

Minerva Cuevas proposes a "living space" in which the boundaries between
public and private, domestic and corporate spaces are erased. This is accomplished through the design of a house made up of the non-places of transit and
consumerism such as a McDonald's eating area, the waiting room of an airport,
office toilets, a Sears furniture showroom, etc. With this work, Cuevas points
towards the preeminence of advertising and corporate images in a world that
increasingly tends towards globalization, criticizing, via architectural design, the
decrease in individual differences, characteristic of these spaces that homoge-
nize the experience of "place." For Cuevas, the notion of "ideal" takes the form
of a critique through a dystopian vision of globalized and consumer societies
taken to an extreme. It is also an explicit reference to the non-place as representative of a spatially induced contemporary sense of alienation.

Ready-Made, Housing Architecture. Manifest aan de orde, 1980–87
Luc Deleu
Mixed media – 217,5 x 163,5 x 36 cm
Courtesy Galerie Annie Gentils, Antwerp

Manifest aan de orde, 1983
Book published by Guy Schraenen
Courtesy T.O.P. Office, Antwerp

Luc Deleu has over the years assisted private homeowners in the legal aspects of designing their houses by lending his signature, and hence, his license as an architect to individual projects for houses. The owners contact the artist and architect and present their ideas, drawings and plans for their future homes. Deleu then signs them as projects of his own, thereby giving access to all the building permits to these people who design their own houses. *Ready-Made, Housing Architecture. Manifest aan de orde*, consists of a book that documents these projects as well as a model that depicts some of the houses built under this scheme.

Set for Win, Place or Show, 1999
Stan Douglas
3 Cibachromes – 76,2 x 101,6 cm, each
Courtesy David Zwirner Gallery, New York

Win, Place or Show is a video installation that, like most of Stan Douglas' work, speaks of the failure of modern utopias. The film is set in a fictitious housing project for single male workers in Vancouver during the early 1960s. The apartment's decoration and furnishings, typical of the time, resembles what we are now accustomed to see in magazines like *Wallpaper*, that have taken modernist aesthetics and converted it into a iconic fetish to the extent of emptying it out of its utopian and social content. The work of Douglas makes a critique directed in this sense. On this occasion, the artist has presented some of the project material that he used for the construction of the set for *Win, Place or Show*. The plans correspond to a real housing project projected for Vancouver in the late 1950s that was never built, another allusion to the impossibility of concretion of utopian aspirations. The video, as well as these drawings, are an explicit critique of a socially oriented architecture that reflects the urban policies of modernism, and in particular the influence of the ideas of architects such as Le Corbusier; an architecture that has become to be catalogued as an "architecture of cruelty."

Untitled, 2000
José Gabriel Fernández
Gesso on plywood and plaster – 2 sculptures (20 x 38 cm, each)
3 cut-out pieces (28 x 40,5 cm, each)

In his recent body of work, José Gabriel Fernández adopts the pattern of the bullfighter's cape, in order to refer to a space that is molded and projected according to the more immediate needs of shelter and comfort required by the human body. The shape of this cape is abstracted so as to make it unrecognizable, it resembles the reinforced concrete structures of 1950s architecture such as those of Pier Luigi Nervi and Eero Saarinen, which made a departure from the "less is more" aesthetics to imbue its concrete structures with an apparent lightness that represented the technological utopian ideals of the "societies of the future."

television programming, particularly in this case, a family's choice of television programs. The large screen outside the house displayed for the passer-by the same images that were being seen in the intimacy of the "den" or "family room." This project merges several of Graham's interests such as the utopian aspect of suburban housing, the integration of public and private spaces, and vernacular American culture as a sub-product of an "Edenic utopianism" that animated a great part of the "colonization" of the country in the eighteenth and nineteenth centuries.

Room With a View, 1993–2000
Jeanne van Heeswijk
Mixed media
Dimensions variable

Jeanne van Heeswijk posits the museum as the ideal living space. Her installation *Room With a View* is a traveling room of sorts that she installs for her exhibitions and that has different functions (domestic or working ones) depending on the specificities of each venue. Given the projective nature of this exhibition, van Heeswijk proposed to exhibit a record of her past experiences with *Room With a View* as well as the "kit boxes" she has edited to document the several installations of the room. Van Heeswijk's work is inscribed in an artistic practice that takes the museum not only as an exhibition space but as one for dynamic social interaction, capable of generating social change. This concept is a clear legacy of utopian avant-garde ideas and, in this sense, very close to El Lissitzky's proposal for the Demonstration Room and the later theories elaborated on it by Alexander Dorner.

Untitled, 2000
José Antonio Hernández-Diez
Classified newspaper advertisements
Dimensions variable

José Antonio Hernández-Diez proposes an exercise in representation that refers to other works in the exhibition. His project for *Demonstration Room: Ideal House* consists of a series of ads in local newspapers in which he either solicits or offers the "houses" proposed by some of the artists for the show. He thus projects into the public sphere his own and others' desires for an "ideal house." Hernández-Diez' work also evokes the desire for the "ideal" present in everyday things, such as those ads that begin with "wanted" or that offer "spectacular" and "once in a lifetime" opportunities. Moreover, in making the reference to other pieces in the exhibition the artist performs a double operation of representation and frames the "ideals" of the other artists within the limits of the concrete, the everyday, and the possible.

Gesamtkunstwerk, 2000
Gabriel Kuri
Vinyl lettering on wall and window
Dimensions variable

Gabriel Kuri presents a set of instructions for the elaboration of a *Gesamtkunstwerk*. This set of instructions functions as a metaphor for post-industrial society's capitalist division of labor for spaces (even domestic ones) designed to minimize and maximize production. The language and typography

of these texts refer to our highly technological society and to the computer operations that permeate our everyday activities, such as clicking, closing and opening windows or virtual spaces. One of the pivotal concepts of Kuri's project which is that of overlapping two moments, activities or functions; Kuri's conception is an architecture of time in which activity would do away with spatial concerns, much like Henri Lefebvre's definition of abstract spaces made up of "schedules and time constraints." Some of the images correspond to the descriptions in the text, while others go beyond the descriptions in order to stress the dysfunctional aspects of such an architecture, and, in the process, articulate a critique of these "abstract spaces."

Untitled (Living Units), 1998
Atelier van Lieshout
Watercolor
60 x 80 cm

The Rotterdam collaborative Atelier van Lieshout is known for their "capsule" designs that resemble hybrids of caravans, office units, sensory deprivation chambers and portable toilet booths. More than articulating a discourse on the architectural hybrid, Atelier van Lieshout's work is oriented towards creating "container sculptures" that simultaneously make reference to popular culture and to the tradition of modern art. These are sculptures that recall the failed utopias of futurism. Their reference to popular culture, especially B-movies, moves Atelier van Lieshout's work beyond parody and towards a discourse on the cultural implications of the relations between art and economy. The two watercolors in the exhibition correspond to a housing development that the group is presently building on the outskirts of Rotterdam. This "commune," called AVL-Ville, is the headquarters of a fictitious terrorist group and a sort of movie set to be inhabited by the members of the Atelier. Rotterdam is a city with an important tradition of working class housing. Atelier van Lieshout transforms this tradition into a sculptural proposal, rather than an architectural one, that casts an ironic look on the utopian aspirations of modernity.

A Pair of Bluejeans and $25,000 in My Pocket, 2000
Diana López
Ink on paper
29 x 21 cm

UN PAR DE BLUE JEANS Y $ 25,000 EN EL BOLSILLO

Diana López denies the concrete and real possibility of an "ideal house." For López, the ideal house is only an idea that exists exclusively within the realm of representation. She takes the concept of representation even further denying any visual representation of a tangible object or edifice, situating it only within the text. It is a work that also speaks of the shift from a sedentary condition to a nomadic one, changed and conditioned by market values.

Penetrable Diorama with Exotic Landscapes, 2001
Mauricio Lupini
Volumes of *National Geographic*, silicone glue
Dimensions variable

The museum's modes of representation — as expressed in its collections, selection, classification, and exhibition mechanisms — are some of the ideas present in the work of Mauricio Lupini. His photographs of science and ethnography museums concentrate on the diorama and how they illustrate the idea of scientific progress proposed by the encyclopaedic thought of the Enlightenment. His work seems to point acutely at the materialist and progressive notion that even natural environments can be cultural constructs. For this exhibition — and thinking of the museum as a "habitat," where environments are created to house specimens, be they from the "animal kingdom" or from distant and exotic cultures — he has proposed to turn the diorama into a *Gesamtkunstwerk* of sorts, but at the same time a Demonstration Room, by taking one of the icons of Venezuelan kinetic art (the "Penetrable" of Jesus Soto, which is representative of Venezuelan modernity) and making it from strips cut from *National Geographic* magazines. He thus transforms the diorama, and with it the ideological and operative model of the museum of natural science, into an iconic "modernist" work of art.

City House/Country House, 2001
Rita McBride
Painted wood and velveteen; painted wood
Two parts, 18 x 66 x 12 cm, each
Courtesy the artist and Alexander and Bonin, New York

The work of Rita McBride proposes a critique of modernity, or rather of its sub-products. Referring to architecture, her work ironically comments on the utopian aspirations of modernism via her small-scale sculptural reproductions of the residual spaces and constructions of contemporary urban landscape. Her *City House* and *Country House* make specific reference to the comeback of a style of interior decoration that imitates certain pre-industrial styles, be they urban or rural, in order to subvert the nondescript glass box or suburban architecture that encloses these interiors. When confronted to the machine-age aesthetics of industrial and massive reproduction of commodities proper to post-industrial societies, these little "doll-houses" seem to convey the artist's ideas on the failure of modernist utopias.

Apartamento 21, 2000
Carlos Julio Molina
Wall drawing
Dimensions variable

The work of Carlos Julio Molina concentrates on iconic figures of popular culture in order to recontextualize them in the gallery or museum space. On previous occasions, the artist has cast television characters such as The Hulk, Mr. T, Arnold (from *Different Strokes*), Rambo and others into his work. For this exhibition, the face of salsa musician Hector Lavoe serves as a metaphoric "model" for the plan of an ideal house in the work entitled *Apartamento 21*, after a song by Willie Colón. According to the artist, this house would have all the facilities and amenities that salsa musicians require: a long table with a mirror top for serving cocaine, rooms for smoking pot and for making out with groupies, a small cannabis plantation in the terrace, a diving board coming out of the main window, etc.

In Molina's work, the notion of the "ideal" can be found in the recuperation of these show-business characters (all of them with a history of failure

and descent from their "star" status). In this sense, the work constitutes another addition that the artist has made to his "pantheon" of failures in the museum space.

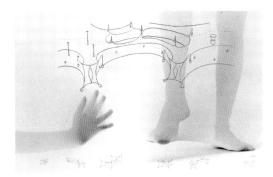

Study for Nude Plasmic, 2000
Ernesto Neto
Digital print
38 x 70 cm

In Ernesto Neto's work, nature's round and soft forms coexist with the rational discourse of constructivism. Coming from the Brazilian neo-concrete tradition, and especially influenced by Lygia Clark's experiments with therapy, Neto makes a gestalt-oriented work that invites the senses and in which the figure of the maternal womb is a recurring one. *Study for Nude Plasmic* is a digital rendering for one of his penetrable installations in which the public becomes part of a work that, in turn, relies on the sensory experience of the spectator. In relation to specific ideas on architectural space and design, Neto's installations could also refer to some of Archigram's utopian designs, such as the Cushicle or the Suitaloon, or to media culture icons such as the "boy in the bubble," which also allude to a type of primordial architecture that reproduces the essential conditions present in the maternal womb.

Casa, 1975 (not reproduced)
Claudio Perna
Silver gelatin print
20 x 25 cm
Courtesy Fundación Claudio Perna, Caracas

Claudio Perna, who died in 1997, is one of the most significant and prolific of Venezuelan conceptual artists of the 1970s. In his work, the disciplines of cartography and geography coexist with photographic representation and conceptual proposals. The choice for *Casa*, since it was not a submitted proposal, is inspired by Perna's continued questioning of visual representations. Perna photographed a shack, isolated and detached from the larger and more general urban context of the shantytown, and wrote the word "Casa" (house) on the ground in front of it. As a direct allusion to the primitive hut and its utopian overtones, this work decontextualizes the shanty from its associations of poverty and marginality, restoring it once again to its status as primordial shelter.

Home Sweet Home, 2000
Proyecto Incidental
Artist collaborative
Mixed media
Dimensions variable

1968 Scale Model, 2000
Paul Ramírez-Jonas
Mixed media
Diameter 61 cm

Paul Ramírez-Jonas addresses the issue of utopia via the scale-model
representation of a particularly utopian year: 1968. More than proposing a
house, he refers to a system of representation, in this case a model of the
solar system arranged to correspond to a given month of that year. In his
1968 Scale Model, the artist has replaced the planets with small vegeta-
bles and fruits that must remain in place throughout the duration of the
show, evidencing the process of decomposition and decay that is natural
to every living being — a clear reference to one of the failures of utopian
scientific thought, that of preserving life eternally. This work could function as a metaphor for the whole exhibition as a living organism — evok-
ing El Lissitzky's ideas about the Demonstration Room — and points
towards the notion of process, which is very present in all the works in the
exhibition.

Le Modular, 2001
Tom Sachs
Ink on paper on hinged plywood
240 x 4 x 2 cm
Courtesy Charles Duprat and Galerie Thaddaeus Ropac, Paris

Tom Sachs works on the idea of icons of modernist architecture transformed
into utilitarian objects or makeshift handmade models. For this exhibition,
his project consists of a measuring rod, of the kind found in hardware stores,
which represents Le Corbusier's "Modulor" system of measurements
and proportions around an "ideal" human figure of harmonic proportions —
actually those of the average English policeman. The height of ceilings
in most of Le Corbusier's buildings was determined by the height of the
Modulor with his arm raised, that is, 2.40 meters; the height of Sachs' measuring rod. In this sense, the artist places the "ideal" proportions inside the
exhibition space, comparing the proportions of the building to those of a
"utopian architecture."

Suschindler House, 2001
Karin Schneider
Mixed media
Dimensions variable

Karin Schneider posits the house within the realm of gender stereotypes
and turns it into a household artifact in order to reconfigure a "new
domestic landscape." She takes landmarks of modernist architecture, in
this case Rudolph Schindler's *King's Road House*, and makes a wry com-
ment on a distinctive aspect of its architecture that particularly relates to
certain utopian aspirations of modernity. Schindler came from Vienna to
the United States, attracted by Wright's conception of an American architecture, but also by the open spaces of the American landscape, which
contrasted to the closely-knit urban structure of European cities. Contrary
to the ensuing wave of émigré Bauhaus architects, Schindler came to the

United States long before the Second World War, and, thus, his work did not ascribe to the reigning ideologies of European modernist aesthetics. His work was more about space and light. Consequently, form was a result of a research into these aspects and not an ideological construct. Nevertheless, his conception of space and function related more to a notion of sharing and communal space, as is the case of the *King's Road House* initially designed for two couples, with common work, eating and leisure areas. Schneider turns the house into a sushi table for two, taking its formal elements, purportedly the result of a spatial research, and rendering them into a geometric and decorative shape that recalls the cliché of Japanese influence on modernist architecture, specifically in terms of its tenets of simplicity, austereness and harmonic fluidity of space and form. The function is also reduced to eating, but as a shared activity, stressing the idea of cohabitation, which is one of the programmatic aspects of the design of the house. The artist's choice of this house also stems from the fact that in the present the house is owned by the Austrian government, and admission is charged to visitors in order to cover the upkeep of the house, in other words the house as a work of art has also become a museum; utopian domestic architecture stripped from its original functions. By turning Schindler's house into a piece of furniture and subverting the edifice's programmatic basis by placing it at the service of a banal decorative object, Schneider's critique of modernist utopia is materialized.

LC/4 R-Machine, 2001
Javier Téllez
Le Corbusier chaise longue, dvd player, lcd screen, plywood, headphones
129,5 x 208 x 101,7 cm
Courtesy Serge Ziegler Gallery, Zurich

The work of Javier Téllez reflects on the dynamics between the institution, mental illness and borderline collective and individual behavior. *LC/4 R-Machine* is a wooden crate containing a Le Corbusier chaise longue, where the spectator can lie down, as if on the analyst's couch, and observe a video of a patient diagnosed as schizophrenic and filmed in a psychiatric hospital in Brazil. The patient is in a catatonic state and never closes his eyes, but the video itself flickers in an attempt to compensate for the patient's condition. The soundtrack is Bach's *Goldberg Variations* performed by Glenn Gould, which were originally composed by Bach to cure a man of insomnia. This work operates on various levels. The reversal of roles between the psychoanalyst and the analyzed implies also a reversal of the gaze, stressed by the blinking effect on the video. The psychoanalytical references deal with the dark side of modernism and the alienating consequences of an architecture built to function as a machine — Le Corbusier considered his chaise longue as a resting machine, as contradictory as the concept may seem. The box functions both as display apparatus but also an allusion to the Demonstration Room, in this instance in a more clinical sense. The cramped dimensions of the box and the straps that are part of the design of the chair posit modernism and its utopias — specifically those related to architectural design at the service of social well-being — as the straitjackets of post-industrial societies.

Axis del cuerpo transurbano, 2000
Sergio Vega
Text and reproduction of original drawing
Dimensions variable

Sergio Vega presents a drawing and a poetic text written to paraphrase the
Borgesian (as in Jorge Luis Borges) tradition of Latin American fantastic realism.
He thus integrates the literary element into the conception of the work, be it
a house, a painting or a text. His work elaborates a discourse on the onto-
logical and metaphysical implications of the reproduction of the work of art.

Ideal Painting, 2001
Carla Arocha
Acrylic on canvas, mirror – dimensions variable – paintings 200 x 70 cm, each
Courtesy the artist and Monique Meloche Gallery, Chicago
Installation view *The Big Show: Demonstration Room: Ideal House*, NICC Antwerp (2001)

THE BIG SHOW

uitgegeven door NICC, Antwerpen

Installatiezicht *The Big Show*: *Healing*, NICC Antwerpen (2001)

Inleiding

Wim Peeters

And what is this bag you painted here?
Yes
That is what they have at airports,
Yes
To indicate
Yes
The wind
The direction from which it comes.

De geschiedenis van Zaïre, geschilderd en verhaald
door Tshibumba Kanda Matulu, in gesprek met
Johannes Fabian, 1974.*

Met drie afzonderlijke presentaties bood THE BIG SHOW in de loop van 2001 een kritisch en vooral confronterend kader om actuele thema's als exotisme, *political correctness*, collectief geheugen, alteriteit en utopie op een kritische, inhoudelijke manier te benaderen. THE BIG SHOW maakt onvermijdelijk deel uit van een klimaat van postkoloniale en globale culturele interesses, zonder er zich restloos mee te identificeren. Veeleer vormt de voorgestelde tentoonstellingsreeks een diepgaande invraagstelling van de manieren waarop dekolonisering, globalisering en representatie (zowel in de betekenis van publieke beeldvorming als tentoonstellen) kunnen kaderen in een ruimer debat rond culturele productie en representatie zonder daarbij tot een iconoclasme van het centrum te moeten leiden.

De steeds dwingender confrontatie met ondermeer een koloniaal verleden, als een voor vanzelfsprekend genomen 'schuldvraagstuk' voor de Westerse museale, politieke en academische wereld, maar ook de overgang van communisme naar postcommunisme, ontsluiten in het publieke domein, tegen elk verwachtingspatroon in, een exotiserend collectief geheugen. De manieren waarop het zich kenbaar maakt, zijn ondubbelzinnig en problematisch, in het verlangen naar historisch herstel, als paternalistisch legaat, door de commodificatie van het ander in een 'Art-Festival' sfeer. In de mate waarin die situatie veralgemeend en vertaald kan worden, lijkt ze verschillende werkelijkheden in het leven te roepen die vragen om het verlaten van een eenzijdig perspectief.

Meer dan een tentoonstelling werd de afgelopen jaren op die laatste overweging gebouwd: vanuit een schijnbaar nulpunt ontstaat een kaleidoscopisch beeld op de ons omringende wereld. Concreet leidde die evolutie tot een toenemende aanwezigheid van niet-Westerse kunstenaars op biënnales en thematentoonstellingen; tot een groeiende reeks lokale en internationale initiatieven die zich spiegelen aan het model van de biënnale voor hedendaagse kunst en die ondersteund door internationale kunsttijdschriften voornamelijk gericht zijn op een Westers publiek. Beide evoluties worden algemeen erkend als indicaties van een schaalverandering die zich cultureel op mondiaal vlak doorzet. Achter de façade van politiek correct tentoonstellingsmodel vormden de biënnale voor hedendaagse kunst en de grootschalige tentoonstelling de laatste decennia evenwel ook het motto waaronder het exotische als spiegel van een Westers narratief of verlangen — als kritiek van buitenuit — opnieuw in een Westers gevaloriseerd veld van culturele goederen en ideeën kon worden opgenomen. Een kritiek van buitenuit werd reeds ten gronde gevoerd, maar lijkt niet verder te leiden dan de symbolische en vaak marktgerichte openheid ten aanzien van het exogene, als een verhuld zelfonderzoek van het protectionisme van de Westerse samenlevingsvorm.

THE BIG SHOW verschijnt op een ogenblik waarop nood is aan kritische en vernieuwende projecten rond zowel Westerse als niet-Westerse kunst en hun onderlinge relaties, de modaliteiten van het tonen, en hun discursieve vertaling. Op cultureel vlak in België kan hiervoor de aangekondigde koerswijziging van het Koninklijk Museum voor Midden-Afrika te Tervuren en de belangenstrijd die zich daarrond ontwikkelt als sluimerende voedingsbodem worden aangehaald, op politiek vlak het onderzoek dat verricht werd door de Lumumba Commissie. Internationaal ontwikkelt zich in de aanloop naar ondermeer *Documenta 11* een speculatief debat waarin neutraliteit, alteriteit en inclusiviteit op de voorgrond konden treden. Deze termen vormen moreel het enig denkbare alternatief voor een Westers exclusief model dat maatschappelijk, geopolitiek en in de praktijk van het tentoonstellen de regerende toegangs- en betekenismechanismen belichaamt. Als 'selectieve' voorkeur voor het lokale leidde

---

*
Johannes Fabian, *Remembering the Present. Painting and Popular History in Zaire* (Berkeley, 1996).

die ontwikkeling de laatste decennia even-wel ook tot een overwaardering van de begrippen 'periferie' en 'nationaal erfgoed' als dissidente of ontwrichtende gegevens op wereldschaal en zo tot een ideologische vernauwing van de kritische tentoonstel-lingspraktijk en deze van het academisch en politiek onderzoek. THE BIG SHOW wenst zich in die context niet te beperken tot een onderzoek naar hedendaagse kunst en postkoloniale of globale identiteit. Veeleer vormt de voorgestelde reeks presentaties een onverhulde vraagstelling naar de manier waarop de recente ommekeer in het centrum-periferie denken van de Westerse culturele en politieke instituten, daadwerke-lijk een (mentale) dekolonisering inluidt. Op psychologisch vlak stelt THE BIG SHOW de vraag naar de culturele verbeelding en de maatschappelijke democratiseringsmecha-nismen waaraan deze onderworpen lijkt om ze te verbinden met begrippen als *Wiedergut-machung*, geheugen en utopie.

THE BIG SHOW is als tentoonstelling in de eerste plaats een beeldend onderzoek naar de manier waarop die geschetste thema's zich aandienen in een concrete samen-plaatsing van werken. In die optiek kiest de tentoonstelling voor kunstenaars die on-vermijdelijk met een globaliseringsdebat en diens symptomen in aanraking komen eerder dan het rechtstreeks op te zoeken. Op een tweede plan wordt onderzoek gevoerd naar wat die *issues* voedt, waar ze vandaan komen (dit is, welke performatieve eisen worden er vandaag — binnen de context van een discours omtrent globalisering — aan de kunst opgelegd) en door welke economische imperatieven worden ze ondersteund, om misschien niet geheel on-verwacht uit te komen bij een beknopte cul-turele logica van de late moderniteit (*Over de logica van het culturele globalisme*; Marius Babias) en de manier waarop deze zich onderscheidt van oudere, en terwille van ideologische argumenten meer aflijnbare

vormen van culturele productie en circulatie zoals het modernisme, het kolonialisme enz. Een mogelijke probleemstelling binnen die optiek zou als volgt kunnen luiden: welke wegen dient het culturele apparaat te bewandelen om de schaalvergroting van de kunst weg te houden van een postmodern hybride gegeven dat zichzelf bij voorbaat leent tot commodificatie? En is het de uit-eindelijke opdracht van kunst om alleen maar te ontsnappen aan die commodificatie? Voorbij elke romantisering van het begrip 'alteriteit', kan dan de vraag gesteld worden of het niet net die romantisering was die centraal stond en naar de manier waarop ze zich liet opnemen in een economie van uto-pias en verlangens.

Op die manier globalisering, of althans de manieren waarop deze zich manifesteert, als idee gedeeltelijk terug-traceren naar het Westen, is een erg geladen, maar ook erg kritisch project. Succesvol kan het zijn in de mate waarin bijgedragen wordt tot een rui-mer perspectief, tot een voller begrip van de implicaties die zich doorheen politieke, economische en mentale schaalveranderin-gen opstapelen; hoe die vanuit Westerse hoek aanleiding zijn voor een politieke en cultuurpolitieke omkering van het onder-scheid centrum-periferie. Een meer accurate representatie van niet-Westerse kunst naar inclusief model, wordt in die zin al te vaak verkeerdelijk herkend voor een meer ingrij-pende evolutie, die zich op individueel en collectief niveau voltrekt. Globalisering als binnen-buiten omkering en als een vorm van mentale dekolonisering kan in die zin niet onderzocht worden zonder een ver-band te leggen met begrippen als collectief geheugen of exotisering, utopie en dystopie en de manier waarop die in het institutione-le centrum zelf functioneren.

In drie delen gaat THE BIG SHOW in op hoe noties als schuld en herstel, utopie en dystopie niet alleen de cultuurpolitieke maar ook indirect inhoudelijk de artistieke

agenda van de laatste decennia als onder-stroom mee richting geven; hoe noties als exotisme, oorspronkelijkheid of onherstel-baarheid, inhoudelijk en intentioneel oriën-terend functioneren in een ruimer veld van beelden en betekenissen, dat al bij al los staat van een institutionele metamorfose en van een structurele balanswijziging in de globale verhoudingen. Op een ruimer plan onderzoekt THE BIG SHOW hoe zoiets als exotisme, of een koloniaal verleden, in het Westen vandaag ervaren en waar-genomen wordt vanuit een collectief beeld, eerder dan het aandeel daarvan te minima-liseren in een neutraal perspectivisch verdwijnpunt.

Om globalisering als discours niet te beperken tot een ideologiekritiek van Westerse instituten en hun uitsluitings-mechanismen verkiest THE BIG SHOW om globalisering zelf indirect als Westers idee te benaderen via drie verschillende invals-hoeken:

A CONGO CHRONICLE
A MAN OF MERCY

Een eerste piste is historisch en belicht globalisering als een problematische, 'post-koloniale' mentaliteit aan de hand van twee specifieke beeldreeksen: *A Congo Chronicle* is een geschilderde geschiedenis van Kongo uit de jaren 1960–70 van onder-meer Tshibumba Kanda Matulu. *A Man of Mercy* is een fotoreportage van W. Eugene Smith uit 1954, rond Albert Schweitzers hospitaal in Frans-Equatoriaal Afrika. Het samenbrengen van de twee beeldgroepen, in het kader van THE BIG SHOW, functio-neert op een aantal uiteenliggende niveaus: *A Congo Chronicle — A Man of Mercy* buigt het vraagstuk naar numerieke uitsluitings-mechanismen om tot een vraag naar bete-kenissen en context, en de manier waarop de tentoonstelling daarin een geprivilegieerd medium is of zou kunnen zijn. Een nieuw onderzoek naar het fenomeen exotisme, als intentioneeel gegeven en hoe het weigert zich te beperken tot een stijlkenmerk, is zo aan de orde als breuklijn tussen een postkoloniale intentieverklaring en (mentale) dekolonisering. *A Congo Chronicle — A Man of Mercy* biedt allerminst een accuraat beeld van een koloniaal verleden, hoewel alle ingrediënten daarvoor aanwezig zijn, dit is, alle elementen voor diens dramatisering zijn voorradig: een onderdrukt vrijheidsstreven, een politieke intrige, een ideologische en economische overheersing en een afstand in tijd. Op het gevaar af aan die dramatisering ten prooi te vallen zullen we haar als onderwerp nemen: Februari 1961 wordt Patrice Emery Lumumba, op dat ogenblik Eerste Minister van de Democratische Republiek Kongo vermoord. Die historische moord zindert vandaag nog na. In België werd ze aangegrepen door een postkoloniaal onderzoeksforum dat werd opgericht van overheidswege. THE BIG SHOW is geen onderzoek naar de accuraatheid van die 'officiële' historische reconstructie, maar wenst vooral een onderzoek te zijn naar het klimaat waarin dat onderzoek wenselijk, geloofwaardig en noodzakelijk werd. In die zin is de focus op de historische figuur van Lumumba in de openingstentoonstelling eerder een vraagstelling aan een postkoloniaal geweten om zo niet te komen tot een scheiding van wat duidelijk tot het domein van de fictie behoort en wat zeker niet, maar om tot een inzicht te leiden over hoe dit geweten zich gedraagt in confrontatie met diens eigen selectiviteit en dramaturgie. Wat betreft de figuur van Albert Schweitzer als product van een laatkoloniaal ideologisch klimaat kan een gelijkaardige analyse gemaakt worden. W. Eugene Smiths fotoreportage rond de blanke vader van Lambarene zet anno nu een andere verbeelding aan het werk; één waarin — gevoed door de juiste middelen — het iconische beeld in relatie treedt tot amnesie en afasie, romantiek en de mislukking van het monumentale.

Men zou de vraag kunnen stellen of dat wat zich in het Westen voltrekt als postkoloniaal spektakel ook maar een aanzet kan bevatten voor een aan het heden aangepaste dialoog met meer afgelegen werelddelen, wanneer daaruit de omgang met het eigen verleden wordt geweerd in een gedecentraliseerd en gedehiërarchiseerd perspectief. Omgekeerd geldt de vraag of misschien de middelen die in het Westen worden geïnvesteerd in symbolische rehabilitatie doorheen Westerse instituten niet te zeer geconcentreerd zijn op de eigen inspanningen daarin en op het eigen publiek. Dergelijk intentioneel onevenwicht is van primordiaal belang in ons begrip van culturele globalisering en de manier waarop ze in het Westers halfrond verbonden is met het politieke en het cultuurpolitieke.

HEALING

Een onderzoek naar wat globalisering als Westers idee op een ruimer plan behelst, kan waarschijnlijk niet zonder het uitlichten van een aantal trauma's van de Westerse samenleving, en de manier waarop ze zich vandaag in meerdere of mindere mate laten vertalen naar een *culture of display*, het veld van culturele platforms. *Healing* is een tentoonstelling die de functies van die platforms ondervraagt; hoe deze kunnen omgebouwd worden van een *culture of display* (de plek waar het 'ander' getoond wordt) naar een zone waar interactie, conflict en betekenissen de afstand en isolatiemechanismen van het tonen overbruggen. De positie van *Healing* is er een die geen uitspraak doet, ze simuleert het verzamelen van alle elementen op basis waarvan een collectief geheugen zou kunnen samengesteld worden om met name uit te komen bij die trauma's die doorwegen in onze culturele definitie van het begrip globalisering. De voorbije decennia boden niet alleen

het toneel waarop Europa's ander kon verschijnen, ook intern liet deze zich herdefiniëren in een reeks tentoonstellingen waarin het voormalige Oostblok, wisselend het projectiescherm werd voor alternatieve maatschappelijke structuren en als dystopie voor gedegenereerde vormen van kapitalisme. In die optiek is een vergelijking met Mike Davis' studie rond Los Angeles *City of Quartz* bijzonder verhelderend. Davis' onderzoek naar demografie, stedebouw, internering en de vertaling daarvan naar het domein van de fictie in kaskrakers als *Blade Runner* maar ook in de literatuur van Thomas Mann biedt een methodologie die toelaat zowel de stedelijke centra en de nieuwe culturele platforms die zich daar ontwikkelen en de manier waarop ze aansluiting zoeken met een niet langer op nationale gronden gestoeld netwerk, als dominante culturele dramaturgie te onderzoeken.

Healing maakt ruimte voor een onderzoek naar het exotische en het geheugen in relatie tot het begrip alteriteit, en de manier waarop het Westen zichzelf exotiseert om van daaruit een ander licht te werpen op hoe ze voor zichzelf een buiten produceert. Hoe is het mogelijk dat een specifieke constructie of productie van het lokale de culturele *mainstream* uitmaakt van het Westen? Dat een romantische constructie van het lokale of nationaal erfgoed wordt overgewaardeerd als een dissident gegeven op wereldschaal. Hoe tenslotte, kan die evolutie gelieerd worden aan de morele herschikking van economische en politieke verhoudingen op wereldschaal?

Vanuit een concrete samenplaatsing gaat *Healing* op zoek naar hoe het werk van een twintigtal kunstenaars op ondubbelzinnige maar onrechtstreekse manier in aanraking komt een aantal thema's die als centrale inzet fungeren van een debat rond globalisering en de manieren waarop in dat cultureel betekenisveld nieuwe richtingen kunnen uitgetekend worden vanuit wat gangbaar

status van een levende heilige, een beeld dat Smith graag had bevestigd. Ter plaatse werd Smiths oprechte bewondering evenwel vlug overschaduwd door een gevoel van verontwaardiging over het eigengereide optreden van Schweitzer in het lepradorp. Schweitzer gedroeg zich ten opzichte van de arbeiders (veelal de niet-bedlegerige patiënten van het ziekenhuis) autoritair en ongeduldig. Als een despoot regeerde hij over zijn dorp, waarvan de strakke planning en de utilitaire architectuur de rigiditeit in zijn karakter weerspiegelden. Voor Smith stelde zich het probleem dat hij Schweitzer bijna niet anders kon fotograferen dan als de Dr. Schweitzer die het publiek verwachtte. Gaandeweg echter ging Smith op zoek naar strategieën waarmee hij Schweitzer in zijn contradictoire eigenschappen en karaktertrekken kon weergeven. In zijn poging om de paradox Schweitzer te verbeelden, creëerde Smith een fotografisch document waarin gereflecteerd wordt over de mechanismen van beeldvorming zelf.

Als eerste luik van de driedelige tentoonstellingscyclus THE BIG SHOW vormt het samenbrengen van *A Congo Chronicle* en *A Man of Mercy* een historiserende inleiding op het overkoepelende thema van de globalisering. Het proces van globalisering, als vrij abstract en enigszins simplifiërend begrip voor een kluwen van internationale en intercontinentale economische en politieke ontwikkelingen, onthult een postkoloniaal trauma, dat de schijnbaar evoluerende relatie met 'de ander' problematiseert. Exotisme en *political correctness* als manoeuvres om de onherstelbaarheid van een historische situatie te ontwijken, veruitwendigen zich binnen het culturele veld via inclusie en appropriëring van *otherness*. Het geheel van THE BIG SHOW buigt zich over de dubbelzinnigheid van de motieven van een Westerse, economisch sterke *mainstream* die bewust de periferie opzoekt. Met de schaalvergroting van het tentoonstellingsgebeuren — de

exponentiële toename van het aantal internationaal georiënteerde kunstenfestivals — en met de groeiende vertegenwoordiging van niet-Westerse kunstenaars in een door het Westen gedomineerd kunstcircuit als achtergrond, onderzoekt THE BIG SHOW in haar eerste deel de rol van het collectieve geheugen in de beeldvorming omtrent het koloniale verleden. De confrontatie tussen de twee beeldenreeksen reveleert de potentieel contradictoire relatie tussen beeldvorming en afbeelding, schuldbesef en exotisme, realiteit en herinnering, historiciteit en actualiteit.

Zonder titel, van de fotoreeks *A Man of Mercy*, 1954
W. Eugene Smith
Zwartwitfoto

Beide beeldenreeksen hebben een min of meer hagiografisch aspect. In de foto's van Eugene Smith blijft de hagiografie op de achtergrond aanwezig als een soort onvervulde potentialiteit, terwijl de scènes uit het leven van Lumumba door de Katangese stadsschilders het sterk christelijk geïnspireerd relaas brengen van een martelaar. De foto waarmee de publicatie van Smiths fotografisch essay in *Life* magazine aanvangt, toont dit aspect duidelijk.[2] We zien Schweitzer verschijnen in een beeld dat

reminiscenties vertoont met christelijke iconografie, en het is interessant om deze foto te vergelijken met een centraal beeld uit *A Congo Chronicle*: *Le 30 Juin 1960, Zaïre Indépendant* van de schilder Tshibumba Kanda Matulu. Op het schilderij wordt Lumumba afgebeeld tijdens zijn beruchte toespraak op de dag van de Kongolese onafhankelijkheidsverklaring. Er bestaat een opvallende gelijkenis in de opbouw van beide beelden. Telkens wordt een dominante figuur centraal getoond, met de rechterarm opgeheven, gecombineerd met een tweede personage dat zich iets naar achter bevindt. Met de positie van de personages is meteen ook de positie van de maker duidelijk: de beelden verraden een respectievelijk blank en zwart perspectief. Smiths foto is evenwel doordrongen van de ambiguïteit die kenmerkend is voor zijn relatie tot Schweitzer en Lambarene. We zien Schweitzer die de constructie van een dakgebinte controleert, achter hem zit een gespierde, zwarte arbeider op een van de dwarsbalken. Schweitzers hoofd is sterk geaccentueerd, enerzijds door de centrale positie binnen het beeld en anderzijds door de helwitte tropenhelm. Met de rechterhand leunt hij op een balk die vlak boven zijn schouder samenloopt met een andere balk. Smith verwijst in dit beeld duidelijk naar een christelijke, schilderkunstige traditie, waardoor Schweitzer als een soort Christus verschijnt. De twee balken vormen een kruis dat op Schweitzers schouder lijkt te rusten. Tegelijkertijd lijkt hij aan dat kruis genageld door het potlood dat hij in zijn hand houdt, geaccentueerd door een witte vlek. De witte tropenhelm functioneert als nimbus, waardoor Schweitzer wordt voorgesteld als een heilige of een verlosser tijdens zijn ultieme offerdaad. De zaag en de reikende hand in de zwarte schaduw op de voorgrond zijn niet aanwezig op het oorspronkelijke negatief. Deze beeldmontage, overigens in strijd met Smiths fotojournalistieke praktijk, betrekt dit fotografisch document nog verder op de schilderkunst. Enerzijds wordt hiermee verwezen naar de iconografische traditie van het gebruik van attributen, waardoor personages op schilderijen herkenbaar zijn aan de hand van de objecten waarmee ze afgebeeld en geassocieerd worden (een aspect dat Smith verder zal uitdiepen in andere foto's, cf. infra). Anderzijds zorgen de zaag en de hand, in tegenlicht op de voorgrond geplaatst, voor een 'coulissenwerking' die we intuïtief eerder met schilderkunst dan met fotografie associëren. De zo al onduidelijke ruimtewerking in de foto wordt verder in het vlak geduwd, waardoor het afgebeelde effectief als beeld bevestigd wordt en minder als realiteit. Smiths geflirt met de schilderkunst verheft dit beeld van Schweitzer tot een eerder symbolische orde.[3]

Het openingsbeeld van *A Man of Mercy* toont aan dat Smith een onderscheid maakt tussen Schweitzer als icoon en Schweitzer als persoon, *Le 30 Juin 1960, Zaïre Indépendant* door Tshibumba illustreert dat de historische figuur Lumumba in de schilderijen van de Katangese schilders volledig samenvalt met de mythe.[4] Op het schilderij zien we de afbeelding van een historische gebeurtenis, de onafhankelijkheidstoespraak waarin Lumumba in aanwezigheid van koning Boudewijn in termen van slavernij en onderdrukking over het (officieel afgesloten) Belgische koloniale bewind spreekt. Lumumba staat centraal op de voorgrond. De microfoons en de opgeheven rechterarm wijzen erop dat hij het volk toespreekt. Zijn andere hand rust op een wereldbol, met centraal het Afrikaanse continent. De krachtige figuur van Lumumba contrasteert met de Koning, die er met gebogen hoofd en schaapachtige lach bijstaat. Boudewijn, nochtans in uniform en behangen met kentekens van macht, straalt geen enkele autoriteit uit. Hij staat gevangen in de bekrompenheid van een baldakijn, terwijl Lumumba vooruitwijst naar een toekomst van vrijheid, gesymboliseerd door het grote

blauwe veld van de lucht. Deze afbeelding van een historische gebeurtenis wordt ten dele uit zijn historiciteit gelicht via een doorgevoerde glorificatie van Lumumba. Door Lumumba af te beelden met zijn hand op een wereldbol worden tegelijkertijd een historisch en een ideëel personage getoond. De associatie met een 'Afrikacentrische' wereldbol zorgt ervoor dat Lumumba verschijnt als een soort Afrikaanse Salvator Mundi, een christelijk geïnspireerde Redder van de Wereld als symbool voor een pan-Afrikaans bewustzijn. Verder is aan de wereldbol een ketting bevestigd, zodat het beeld iets laat vermoeden van de inhoud van de toespraak. Lumumba's verwijzingen naar de koloniale slavernij worden verbeeld door middel van een geketend Afrika.

In de confrontatie tussen Smiths foto en Tshibumba's schilderij onthult zich de eigenheid van beide beeldenreeksen. De kwaliteit van Smiths fotoreeks huist in de nuances en de dubbelzinnigheden; zelfs op de openingsfoto, waar de in de publieke opinie zaligverklaarde Dr. Schweitzer ten tonele gevoerd wordt, laat Schweitzers strenge blik iets vermoeden van de werkelijke hardheid van zijn optreden. Het personage op het tweede plan vormt door zijn fysieke verschijning en potentialiteit een tegenhanger van de immanente betekenis van Schweitzer. In *Le 30 Juin 1960, Zaïre Indépendant* hoefde er niet gerelativeerd te worden, de kracht van de Shaba-schilderijen huist in hun directheid. Als product van een collectief is *A Congo Chronicle* een onomwonden statement dat volledig beantwoordt aan de opinie die leeft of leefde binnen een bepaalde gemeenschap. Smith daarentegen bokste als enkeling op tegen een overheersende publieke opinie, een strijd die hij overigens grotendeels verloor. Zijn project werd reeds gefnuikt door het redactionele apparaat van *Life* magazine. *Life* publiceerde slechts een sterk vereenvoudigde versie van het fotografische

Zonder titel, van de fotoreeks *A Man of Mercy*, 1954
W. Eugene Smith
Zwartwitfoto

essay. De publicatie van *A Man of Mercy* was de directe aanleiding voor Smiths ontslag bij *Life*. Het is tekenend voor de persoonlijkheid van Smith én voor de complexiteit van zijn onderneming dat hij Schweitzer op de hoogte bracht van zijn ontslag en tegelijkertijd de volledige verantwoordelijkheid nam voor de gepubliceerde versie van het essay.[5]

Het schilderij van Tshibumba kunnen we met andere woorden beschouwen als een heel typisch werk binnen de reeks *A Congo Chronicle*, terwijl Smiths foto een eerder atypisch beeld vormt binnen de totaliteit van *A Man of Mercy*, alleen al door de letterlijk en figuurlijk centrale positie van Schweitzer. Het is alsof Smith met dit eerste beeld meteen ook het falen van zijn oorspronkelijk opzet wil toegeven. Hij was immers naar Lambarene vertrokken met het idee om vanuit zijn persoonlijke bewondering voor de man een intiem portret te maken.

Schweitzer, die nochtans op voorhand verzekerd had dat geen deur gesloten zou blijven, probeerde Smiths fotografische vrijheid te beperken en hij bleef zich voortdurend zeer sterk bewust van de aanwezigheid van de camera. Dit leverde niet het soort beelden op dat Smith voor ogen had. Wanneer hij een foto van Schweitzer nam, fotografeerde hij onvermijdelijk de mythe, de Schweitzer van de publieke opinie en die was volgens Smith totaal in contradictie met de werkelijke mens. Om die reden beslist Smith om andere strategieën uit te stippelen. Hij beweegt zijn camera weg van het 'totaalbeeld Schweitzer' om te focussen op details zoals de tropenhelm, de schoenen, de geschriften of de paraplu, in een verdere reflectie op het belang van attributen in de beeldvorming rond een persoon en op het verband met de vroegere emblemata van heiligen. Daarnaast gaat hij de lens richten op de realiteit van het ziekenhuisdorp, met de mensen die erin leven en de omringende fauna en flora, om door afbeeldingen van Schweitzers directe omgeving te komen tot een impliciet portret van de man zelf. Het resultaat is een uiterst gelaagd en subtiel beeld van Schweitzer waarin de paradox tussen de onuitsprekelijke realiteit en de beeldvorming rond een koloniaal overeind blijft.

Het provocatieve aspect van beide beeldenreeksen ten opzichte van de koloniale beeldvorming in het Westen hangt voor een deel samen met hun enigszins dubieus waarheidsgehalte. Zo ontkende Smith totaal de mogelijkheid tot objectiviteit in de fotojournalistieke praktijk. Het is typerend voor Smiths persoonlijke betrokkenheid bij zijn onderwerpen dat hij de veronderstelde betrachting naar objectiviteit verving door een notie van eerlijkheid.[6] In A Congo Chronicle is het waarheidsprobleem nog pertinenter aanwezig, een probleem dat zich onvermijdelijk verbindt met de reden waarom er in de urbane samenlevingen van

Katanga geschilderd wordt. In eerste instantie is schilderen de goedkoopste manier om beelden te produceren, goedkoper nog dan fotografie. De schilderkunst wordt er zelfs gebruikt als goedkoop reproductiemiddel voor foto's. De gewoonte van het naschilderen van foto's bemerken we op het schilderij Le 30 Juin 1960. Zaire Indépendant in de manier waarop Lumumba voorgesteld wordt.

Le 30 Juin 1960, Zaire Indépendant
Tshibumba Kanda Matulu
Olie op doek – 45 x 62,5 cm

De houding (op de rechterarm na) en de associatie met de wereldbol is overgenomen van een propagandafoto van het M.N.C. (*Mouvement National Congolais*, de politieke partij van Lumumba). In Burozi's *Lumumba, Master of the World* is deze beeltenis van Lumumba zelfs niet geïntegreerd in een ruimer tafereel, maar staat ze volledig op zich. De keuze voor de schilderkunst mag dan in eerste instantie gebeuren vanuit een economisch gegeven, alle mechanismen van het schilderen worden wel bewust aangewend. Zo heeft een schilderij een grotere flexibiliteit ten opzichte van het feit: de kunstenaar kan zijn beeld creëren vanuit het geheugen of van 'horen zeggen'. Zo heeft niemand ooit de lijken van Lumumba, Mpolo en Okito gezien, maar ze worden wel afgebeeld. Op het schilderij *La mort historique de Lumumba, Mpolo et Okito le 17 Janv. 1961* situeert Burozi de lichamen in een bijna idyllische context, waarmee meteen een tweede belangrijk aspect geïllustreerd wordt. Schilderkunst heeft de potentie het

afgebeelde te verheffen tot een symbolische orde, iets wat in de reeks schilderijen van A Congo Chronicle sterk aanwezig is door de associatie van Lumumba's leven met een christelijk martelaarschap. Tegelijkertijd blijven sommige schilderijen (zoals het laatstvermelde van Burozi) spelen met een zeker documentair cachet van de fotografie. Het is natuurlijk mogelijk dat de schilder geen geld meer had om pigmenten te kopen, maar de associatie met zwart-wit fotografie is desalniettemin mooi meegenomen. De functie van de *urban popular painting* in de gemeenschap waaruit ze ontstaan is, situeert zich tussen historisch document, christelijk icoon en politiek vlugschrift. De schilderijen moeten begrepen worden in het verlengde van een Afrikaanse vorm van geschiedschrijving, het doorvertellen van verhalen waarin realiteit en mythe met elkaar verweven raken. De beelden zijn door hun makers bedoeld als katalysator voor de herinnering en als ankerpunt in discussies.[7] De weergave van de feiten op de schilderijen is dus niet waarheidsgetrouw, maar ze is evenmin onjuist. Ze beantwoordt aan een beeld in het collectieve geheugen van een gemeenschap. In het ingewikkelde spel tussen geheugen en beeldvorming lost de historische figuur Lumumba op in een idee van Afrikaans nationaal bewustzijn. Patrice E. Lumumba behoort tot de geschiedenis, maar de hardnekkigheid van het beeld van Lumumba in het collectieve geheugen maakt de ideeën waarvoor hij stond tot een sluimerende actualiteit.

De geïnverteerde relatie ten opzichte van de fotografie en de provocatieve vorm van geldigheid van de beelden is nog sterker aanwezig in het oeuvre van Tshibumba. Hij is, als bekendste onder de Kantangese stadsschilders, numeriek het hoogst vertegenwoordigd in A Congo Chronicle. De schilders van Shaba hebben geen bijzondere status, er bestaat niet zoiets als een verheven kunstenaarschap. De directe reden voor de productie van schilderijen is dat mensen ze kopen om muren te decoreren. Vaak zijn de schilders gespecialiseerd in een bepaald genre dat ze steeds opnieuw schilderen en waar ze bekend om staan. Tshibumba neemt hierbij een enigszins bijzondere positie in door zichzelf expliciet te profileren als historicus.[8] De antropoloog Johannes Fabian stelt Tshibumba in 1974 financieel in staat om een volledige geschiedenis van Kongo te schilderen. Voor Tshibumba zijn de schilderijen op zich maar één luik van het verhaal, het tweede luik wordt gevormd door een interview van Fabian met Tshibumba waarin deze zijn schilderijen toelicht.[9] Dit feit is illustratief voor de manier waarop de schilderijen functioneren en voor hoe ze deel uitmaken van een meer omvangrijke herinnering of van een collectief geheugen dat constant in ontwikkeling is. Wanneer men dit opnieuw toespitst op de figuur van Lumumba, dan wordt — door het hanteren van schilderkunst als valabel historisch document — realiteit en mythe een onontwarbaar kluwen. *A Congo Chronicle* schetst een beeld van Lumumba dat op zich een aanfluiting is van de Westerse notie van geschiedschrijving, maar desalniettemin werkt de realiteit van de mythevorming rond Lumumba confronterend en overtuigend. Dit is volledig tegengesteld aan de beweging die we in *A Man of Mercy* bemerken. Reeds in de openingsfoto van het gepubliceerde essay waarschuwt Smith ons voor een verondersteld louter documentair karakter van de fotografie door in het gefotografeerde beeld te verwijzen naar een schilderkunstige traditie. De glorificatie van Schweitzer is betrokken op de schilderkunst om ze van haar immanent realiteitsgehalte te ontdoen. Smith respecteert Schweitzer nog steeds omwille van zijn gedachtengoed, maar hij moet vaststellen dat hij in de dagelijkse omgang met mensen faalt. Om de bestaande beeldvorming te ontdubbelen moet Schweitzer vervolgens grotendeels uit het beeld verdwijnen, om eerder als bindend

element binnen een verhaal te functioneren. Al moet Smith daarbij vaststellen dat zijn foto's het kunnen stellen zonder het licht van een levende legende:

'The leper village pictures are strong enough to be their own seperate story — perhaps too earthlike for saints and legends.'[10]

Roi Baudouin et Mr. E. P. Lumumba en 1958 à Leopoldville
Burozi
Olie op doek – 36 x 56,5 cm

Lumumba in Stanleyville (Kisangani)
Burozi (getekend Tshibumba Kanda M.)
Olie op doek – 42 x 58 cm

De beeldende omgang in de twee gepresenteerde reeksen straalt af op de nagedachtenis van de beide protagonisten. Uit de houding en de uitspraken van Lumumba blijkt duidelijk dat hij bereid was de rol van martelaar voor de Afrikaanse onafhankelijkheid op zich te nemen, een rol die hij, als we de Shaba-schilderkunst mogen geloven, uiteindelijk effectief vervuld heeft. Als *évolué* (een racistische titel die welopgevoede Kongolezen mochten dragen — tot de voorwaarden behoren het actief spreken

van de Franse taal en met mes en vork eten) slaagde Lumumba erin uit te groeien tot een figuur van symbolische proporties die Schweitzer, als exponent van een Westers academisch, institutioneel en imperialistisch systeem en als anachronistische homo universalis, ver achter zich laat, ondanks een Nobelprijs. Uit sommige passages van de toespraak die Schweitzer ter ere van die Nobelprijs hield, blijkt overigens een eerder simplistische visie en een groot superioriteitsgevoel. In combinatie met *A Congo Chronicle* groeit de paradox van Schweitzer, zoals verbeeld in *A Man of Mercy*, uit tot de paradox van een positief geïnterpreteerd kolonialisme als factor van een proces van mentale verdringing.

In België verbindt de analyse van het proces van mentale verdringing en van exotische commodificatie zich onvermijdelijk meer met *A Congo Chronicle*, niet in het minst omdat de schilderijen voor het eerst in België getoond worden, in een ruimte voor hedendaagse kunst. Dit laatste is niet zonder belang. In het Museum for African Art te New York werd de reeks tentoongesteld omwille van haar antropologische betekenis. In het begin van de catalogus die bij deze tentoonstelling verscheen, wordt er zelfs gewag gemaakt van een onderliggende continuïteit in de Afrikaanse kunst, in die zin dat Afrikaanse kunst steeds een doel heeft, dat het nooit *art for art's sake* is.[11] Veronderstelde de presentatie in New York een zinvolheid voorbij het esthetische, dan belooft de tentoonstelling in Antwerpen een betekenis voorbij het antropologisch-wetenschappelijke discours. De context van een ruimte voor actuele kunst laat veronderstellen dat de beelden een andere dan een louter historisch-museale draagkracht hebben. De werken in *A Congo Chronicle*, in wezen producten van een toeëigening van het Westers medium van de schilderkunst ingevoerd tijdens het koloniale bewind, kunnen in de context van

THE BIG SHOW niet gerecupereerd worden binnen een institutioneel-wetenschappelijke structuur. Deze schilderijen gaan verder in de deconstructie van Westerse perspectieven door bovendien een exotische blik ambigu te maken. Deze werken zouden zich uitstekend kunnen lenen voor een exotische beleving. Ze zijn samengesteld uit gebrekkige materialen en geschilderd in een vaak naïeve stijl, meestal kleurrijk en direct. Maar dit zijn niet de bij toeristen populaire *urban billboards*, die overigens door dezelfde schilders vervaardigd worden. Het politieke karakter van de werken obstrueert reeds in zekere zin een exotische commodificatie, maar wanneer de Belgische toeschouwer op de schilderijen herhaaldelijk geconfronteerd wordt met Belgische vlaggen, koning Boudewijn, vliegtuigen van Sabena en het opschrift *Colonie Belge*, dan wordt hij teruggeworpen in zijn eigen geschiedenis of geheugen. Of beter, zijn geheugen wordt betrokken op beelden die hij niet als de zijne beschouwt. In *A Man of Mercy*, waar het proces van commodificatie zich had kunnen voltrekken door middel van identificatie met de blanke protagonist, wordt het identificatiemechanisme gepareerd en ontleed door een opvallende afwezigheid van het hoofdpersonage. Het stilzwijgende karakter van Smiths commentaar roept paradoxaal genoeg vage connotaties op met een decennialange Belgisch-koloniale stilte. Smiths fotoreeks ontwikkelt zich in een Belgische context ten dele als een onmogelijkheid om het koloniale (schuld)vraagstuk frontaal aan te pakken. In de combinatie tussen *A Congo Chronicle* en *A Man of Mercy* wordt het proces van mentale verdringing niet alleen gedeblokkeerd, maar bovendien gevisualiseerd.

Dit effect van *A Congo Chronicle — A Man of Mercy* is reëel, maar de tentoonstelling is verre van een werkstuk met morele intenties. In de huidige Belgische context van een min of meer openlijk debat over het koloniale verleden (weliswaar toegespitst op het onder-zoek naar de moord op Lumumba), is ze zelfs pervers, aangezien ze op dit moment toont wat iedereen bereid is te zien. Het mechanisme van de tentoonstelling verschuift hierdoor naar een abstracter en reflexiever niveau. De tentoonstelling als Westers medium, als instrument tot sublimering en als cultusplaats bij uitstek van de blik, werkt zichzelf tegen door enerzijds de blik op de ander af te leiden naar onze eigen herinnering en door ons anderzijds bewust te maken van het proces van beeldvorming. Met het exposeren van de twee beeldenreeksen in een 'kunstruimte' krijgen de werken een status van kunstwerk toebedeeld die twijfelachtig blijft. Geen van beide beeldenreeksen is gecreëerd vanuit artistieke overwegingen, en hun relevantie ligt duidelijk niet in een eng artistiek, maar in een breed cultureel debat dat onmogelijk zijn vervulling kan kennen binnen de grenzen van een tentoonstellingscultuur. In de visualisering van het proces van mentale verdringing formuleert de tentoonstelling haar eigen ontkenning. *A Congo Chronicle — A Man of Mercy* is misschien wel een tentoonstelling bij gebrek aan alternatief. Het bewust ontoereikende karakter van een tentoonstelling als symptoom voor de werkelijke onherstelbaarheid van een historische situatie.

1.
De tentoonstelling werd geconcipieerd door Bogumil Jewsiewicki. Naar aanleiding hiervan werd een boek gepubliceerd: *A Congo Chronicle: Patrice Lumumba in Urban Art* (New York, 1999).

2.
W. Eugene Smith, 'A Man of Mercy. Africa's Misery Turns Saintly Albert Schweitzer into a Driving Taskmaster', in *Life*, XXXVII/20 (1954) 161–172.

3.
Glenn G. Willumson, *W. Eugene Smith and the Photographic Essay* (Cambridge/New York/Oakleigh, 1992) 211–213.

4.
Nyunda ya Rubango, 'Patrice Lumumba at the Crossroads of History and Myth', in *A Congo Chronicle*, 43–57.

5.
Willumson, *op. cit.*, 311.

6.
Willumson, *idem*, 234.

7.
Bogumil Jewsiewicki, 'Popular Painting in Contemporary Katanga: Painters, Audiences, Buyers, and Sociopolitical Context', in *A Congo Chronicle*, 13–27.

8.
Idem, 23.

9.
Johannes Fabian, *Remembering the Present. Painting and Popular History in Zaire* (Berkeley, 1996).

10.
Willumson, *op. cit.*, 309.

11.
Elsie Crum McCabe, 'Preface', in *A Congo Chronicle*, 6.

Over de logica van het culturele globalisme

Postkoloniale modellen voor identiteit en subject in het tijdperk van globalisering

Marius Babias

VOORWOORD

Graag wil ik de conflictlijnen thematiseren, die in het proces naar de globalisering zo zichtbaar geworden zijn, en die onze blik en opvattingen over zogenaamde 'vreemde' culturen bepalen: vroegere én hedendaagse vormen van imperialisme, racisme en nationalisme. Uiteraard gaat het hierbij om een dermate encyclopedische onderneming, dat ik me wil beperken tot een beperkt aantal geschiedkundige en hedendaagse kernpunten.

Eerst en vooral wil ik drie punten bespreken die, als men de voorvechters van het neoliberalisme moet geloven, de economische en culturele ongelijkheid tussen de zogenaamde Eerste en zogenaamde Derde Wereld zouden oplossen, namelijk de wereldwijde groei op de beurzen, een wereldmarkt zonder grenzen, en tenslotte het thema van het culturalisme. Vervolgens kom ik op de onzalige geschiedenis van de cultuurideologie, en haar fundamenten — imperialisme, racisme en nationalisme — en ik zal pogen duidelijk te maken, hoe elementen die 'het andere', en 'het vreemde' construeren, en die in het postkoloniale discours overwonnen schijnen, hernomen worden in een nieuwe ideologie van cultureel globalisme, waar ze opnieuw een vorm van cultuurideologie construeren, die men paradoxaal genoeg aan de kant poogt te schuiven door het inrichten van allerlei forums voor een groter begrip tussen de volkeren en cultuuruitwisseling — voornamelijk biënnales. Zo men wil zijn de biënnales, die zich niet toevallig de laatste tien jaar, parallel lopend met de ontwikkeling van de economische globalisering, kunnen verheugen in een sterke internationale weerklank, juist instrumenten voor de culturele opwaardering van deze cultuurideologie. Daaromtrent volgen nog enkele slotbeschouwingen.

Sedert de moderniteit zijn we er ons van bewust dat het onmogelijk is kunst en cultuur los te zien van de maatschappelijke context waarin ze ontstaan. Doch we weten ook dat de geschiedenis altijd een sediment van het heden bevat. Het nieuwe verschijnt als een vormelijk nieuwe constructie van het kunstwerk, maar het toont zich ook onder onze telkens veranderende manier van kijken en begrijpen, die zich nu eenmaal sterker gericht hebben naar de processen van globalisering. De complexe samenhang tussen kunst, maatschappij en geschiedenis, begrijp ik zo, dat onze manieren van kijken en begrijpen de heersende typologieën in kunst en cultuur telkens mee construeren.

Maar hoe zien, op dit moment, die globaliserende productiewijzen er uit, en welke invloed hebben ze op de organisatie van kunst en cultuur, op al deze presentatiemodellen van kunst van 'vreemde' culturen? Het is een banaliteit geworden de val van de Muur en de Duitse hereniging als einde van de koude oorlog, en — in de optimistische variant van het neoconservatisme — als geopolitiek keerpunt in de globalisering te beschrijven. Deze banaliteit heeft, eigen aan banaliteiten, uiterlijk tegen de tijd van de eeuwwisseling, het hele discursieve humus doordrongen. Desalniettemin blijft ze, vermengd met alle andere halfverteerde en ideologisch vervuilde resten, verder werken.

THEMA 1: WERELDWIJDE BEURSGROEI

Het thema van de wereldwijde beursgroei hangt nauw samen met de val van de Muur. In een artikel in de *Frankfurter Allgemeine Zeitung*, wereldwijd één der gezaghebbende beursbladen, heet het, over de 'beursboom': 'Eén van de belangrijkste oorzaken [voor de koersstijgingen in het zog van de *hausse* in het vooruitzicht van de eeuwwende] is [...] de triomftocht van het kapitalisme na de val van de muur tussen Oost en West. Dat was het startschot voor de globalisering van de markten. [...] Het optimisme voor de algehele economie laat zich op de beurzen, in Midden- zowel als in Oost-Europa, tot zelfs in Azië en Latijns-Amerika, voelen.'[1] Op de boosaardige ironie in deze bewering wil ik niet verder ingaan. Bij een maandelijks doorsnee-inkomen van ongeveer 50 dollar in Rusland, kan men bezwaarlijk van optimisme of economische groei spreken. Drie miljard mensen, de helft van de wereldbevolking, leeft met minder dan 2 dollar per dag en per hoofd. De herlokalisering van de productie naar de Derde Wereld met zijn hongerlonen, mag dan wel een impuls gegeven hebben aan de door Westerse economische machten gecontroleerde wereldeconomie, ter plaatse, in Maleisië, Indonesië of Indië hebben de vestigingen van Nike en Reebok de sociale ellende enkel bestendigd. De productie-kosten van Nike's 'Pegasus'-model bijvoorbeeld, bedragen 1,66 dollar, terwijl de verkoopprijs rond de 70 dollar ligt.

Verhelderend voor het eufemisme over beursgroei, is de achterliggende geschiedenisopvatting van deze voorvechters van de globalisering, die de wereldgeschiedenis herindelen in een verstarde Oost-West-tegenstelling voor de revolutie, en daarna, na de val van de Muur, een nieuwe fase: de flexibiliteit van de globalisering.

Men zou er zijn voordeel mee doen, na te gaan welk aandeel deze voetstoots aangenomen, tot politiek dogma verstarde banaliteit, die op volledig speculatieve gronden een nieuwe indeling van de geschiedenis voorstelt, heeft in het hersenspinsel van de 'derde weg', zoals de heren Tony Blair en Gerhard Schröder het zich voorstellen; of ten gerieve van de goede oude ideologiekritiek na te vragen waarom juist deze laatste decennia op theoretisch gebied alle horden van de sociale politiek moeiteloos genomen worden, of om welke redenen het overal in Europa weer opduiken van uiterst rechts, of van de Militia-beweging in de Verenigde Staten, enkel nog de laatste resten van een jammer genoeg niet hip gevonden linkerzijde interesseert,

terwijl diegenen die het nieuwe discours monopoliseren, heen en weer zappen tussen gender of pop-studies, en van cultural of critical- naar visual studies.

THEMA 2: DE ONBEGRENSDE WERELDMARKT

Een tweede thema binnen de globalisering betreft wat ik zou willen noemen haar agressieve geschiedenisvervalsing, en de daaruit voortvloeiende opvatting dat nu alle geografische grenzen zouden verdwenen zijn, en dat de wereldmarkt zich überhaupt niet zou bekommeren om huidskleur, en enkel om handelsblokkades en protectionisme. Dit thema van vrije wereldhandel pretendeert op zich de economische realisatie te vertegenwoordigen van de idealen van 'vrijheid', 'gelijkheid' en 'broederlijkheid' uit de Franse Revolutie. In het licht van bijvoorbeeld de Duits-Duitse hereniging is juist het tegendeel waar: Hier wordt een tamelijk lokale gebeurtenis — val van de Muur en hereniging — ingebouwd in een ruim geopolitiek en economisch mondiaal concept van 'globaliteit', dat, uitgerust met de imperatieve macht van haar transnationale instellingen zoals het Internationaal Muntfonds (IMF), de Wereldbank en de Wereldhandelsorganisatie (WTO), een regionale gebeurtenis kadert binnen een sluitend geschiedenismodel; de Duitse hereniging wordt zo een miniatuuruitgave van een Europees-, en zelfs een wereldmodel, een geschiedkundige herschikking, die — nu in economische banen geleid — vanuit Centraal-Europa de wereld platwalst. Wie nog gelooft dat de zogenaamde Derde Wereld, waarover een 'wereldmarkt' als wereldgeest zweeft, deel heeft in de winstdeling door de Westerse nationale staten, die op hun beurt ondergeschikt gemaakt zijn aan het organigram van gefusioneerde wereldconcerns, gelooft werkelijk nog in de kerstman.

In de kern is het gegeven van een 'wereldmarkt zonder grenzen' imperialistisch en nationalistisch, zoals Noam Chomsky, middels de Verenigde Staten en diens economische ontwikkelingen, Brazilië en Mexico beschreven heeft. De grondslagen van de neoliberale orde, neergelegd in de Conventie van Washington — die de liberalisering van handel en financiën, prijsregulering door vraag en aanbod, strijd tegen de inflatie, en privatisering voorschrift — zijn de officiële beleidsoptie geworden, die erop gericht is de 'Amerikaanse waarden te exporteren'. De Verenigde Staten, die volgens Chomsky van een democratie veranderd is in een 'marktdemocratie', hebben van het garanderen van deze marktprincipes, die de winstneming door globaal opererende economische machten dienen, en die door instellingen zoals het IMF, Wereldbank en WTO onder Amerikaanse controle worden opgedrongen, hun politieke regeeropdracht gemaakt.[2]

Van het IMF maken 182 staten deel uit. Haar opdracht bestaat erin de muntstabiliteit van de lidstaten te ondersteunen. Geraakt een land in betalingsmoeilijkheden, dan verschaft het IMF kredieten. Klinkt zeer goed, maar in feite vertegenwoordigen het IMF en de Wereldbank, door de voorwaarden die ze aan het verlenen van dergelijke kredieten koppelen, een enorm politiek machtsinstrument. Zo worden de landen van het zuidelijk halfrond, die samen voor ongeveer twee biljoen (=2.000 miljard) dollar in het krijt staan bij de geïndustrialiseerde staten, private kredietinstellingen en de Wereldbank, de economische en sociale leefomstandigheden gedicteerd.

De beslissingsmacht van de supranationale instellingen werd ook op de G7–top in het Japanse Okinawah duidelijk; Het was nog niet genoeg dat de armste landen reeds lang economisch en sociaal gecontroleerd worden door het IMF en de Wereldbank, tijdens de conferentie werden aan een schuldherschikking, het centrale thema van de conferentie, daar bovenop ook nog eens morele eisen gekoppeld. Het Amerikaans congres bijvoorbeeld wil de door Bill Clinton geëiste ontwikkelingshulp ten belope van 200 miljoen dollar pas vrijgeven, op voorwaarde dat de ontvangende landen aan een aantal eisen voldoen. Van Uganda wordt zo de afschaffing van de doodstraf gevorderd — alsof die in de Verenigde Staten niet zou bestaan. Om bij het voorbeeld van Uganda te blijven: voor diens gezondheidszorg geeft het land slechts 2,5 dollar per inwoner uit, voor diens schuldaflossing 12 dollar.

De echte winsten, zo luidt de boodschap van ons tweede onderwerp, de grenzeloze wereldmarkt, worden niet meer gegenereerd in de lopende bandproductie, maar in de mondiale financiële en communicatiedienstensector, waardoor de armste landen, waarnaar de industriële productie in toenemende mate verhuisd wordt, met lege handen achterblijven omdat zij de vaardigheden voor het incasseren van de door de circulatie van informatie en cultuur gegenereerde meerwaarde missen. In de postrevolutionaire flexibele globaliseringsfase geldt als vuistregel: Hoe globaler de productie, des te doorslaggevender de waarde van de organisatie als maatstaf van de nieuwe rijkdom; en deze waarde wordt bepaald door de vaardigheden op gebied van informatie, cultuur en verbale capaciteit — de canon van de Westerse elite.[3]

THEMA 3: HET CULTURALISME

Een derde thema dat de import/export–problematiek van 'vreemde' culturen direct raakt, betreft de veranderde rol van kunst en cultuur in de constructie van een wereldmarkt zonder grenzen. Culturele activiteiten, initiatieven en organisaties — van staatszijde, bedrijfsmatig of privé — maken allemaal deel uit van dat deel van de maatschappij, waarin de burgerlijke democratie en de politieke economie het voor het zeggen hebben.

Bij wijze van voorbeeld: internet, de droommachine van wereldeconomie en wereldwijde communicatie. Het op de G7-top in Japan eveneens druk besproken internet, dat als één der hoofdinstrumenten geldt van de globalisering, en waaraan tegelijkertijd een hoofdrol wordt toegedicht bij het organiseren van politieke weerstandsbewegingen, blijkt in het geval van de protestbeweging tegen Jörg Haider in Oostenrijk enkel effectief op gebied van informatie; de zogenaamde tegenbeweging in Oostenrijk is totaal geen sociale beweging die het bijvoorbeeld eens zou kunnen worden over het afwijzen of bestrijden van het neoliberalisme.

De algemene groei van het belang van kunst en cultuur die af te lezen valt uit de *boom* van nieuwbouw voor musea, bedrijfscollecties en misschien nog het meest de wildgroei aan biënnales de laatste tien jaar, zie ik enerzijds historisch als culminatiepunt van de burgerlijke cultuurideologie, anderzijds als een uitbreiding van het slagveld tussen Noord en Zuid, Oost en West. Onder het steekwoord 'culturalisme' worden conflicten op wereldschaal meer en meer in het veld van de cultuur opgepikt en gethematiseerd. Reden: Na het wereldwijde bankroet van het socialisme als staatsvorm, is de cultuur in zekere zin de enige overblijvende vrijplaats waar alternatieven voor het kapitalisme geformuleerd kunnen worden, zonder onmiddellijke vrees voor economische consequenties.

Het in de jaren 1990 snel gestegen aanzien van cultuur in de naar investeringsmogelijkheden smachtende *global city* zette haar wereldburgers, de alternatieve scène en het kunstmilieu onder sterke druk, die in de pogingen om de politieke en artistieke isolatie te doorbreken nieuwe opvattingen over het leven en carrièremogelijkheden genereerde, die op hun beurt dankbaar aangegrepen werden door cultuurinstellingen op zoek naar legitimatie en representativiteit. In dit doorschuiven van waarden worden de cultureel geladen processen van politieke legitimatie zichtbaar.

Voorbeeld: De tot triënnale omgevormde biënnale van Berlijn is slechts een bouwsteen in de Berlijnse marketing, een door sluwe hoofdstadstrategen verordende aanval van optimisme. In nauw verband met de bouwwoede in Berlijn zoekt de kunstscène de tijdsgeest na de val van de Muur in bouwwerven, romantische ruïnes van achterbouwen en clubs. *Generation Berlin* was snel gecreëerd: creatief, op zoek naar kicks, en fris gedoucht. Geen ander cultuurfenomeen liet zich gemakkelijker verkopen. Performance op locatie, de Langste Nacht van de Musea, galeriewandelingen, de Berlin Biënnale: De plannenmakers voor Berlijn — hoofdstad, opgeladen met de van alle politieke connotaties ontdane Love Parade — boodschap *One World — One Future*, bundelden het bonte amalgaam van artistieke activiteiten en levenswijzen in een handomdraai tot een cultuurevenement voor de nieuwe middenklasse: de Berlin Biënnale. De grenzen tussen hoge- en subcultuur, tussen links en rechts, worden daarbij vloeibaar als de obligate vernissagedrankjes.

De ietwat intelligentere, maar niet minder problematische antistrategie tegen cultuurevents, die de werkelijkheid ensceneren als een permanente vlucht in de cultuur, bestaat erin de sociale ellende als imago te thematiseren, ten dienste van land, stad of gemeente. Een groot deel van de 'kritische' kunst ontstaat regelrecht in opdracht van instituten, zoals voor het Oostenrijkse paviljoen voor de Biënnale van Venetië 1999, onder het motto *Offene Handlungsfelder/Open Practices* ook al loopt het aantal tentoonstellingen met werkelijk 'kritische' kunst zwaar terug.[4] Voor de zogenaamde 'kritische' kunst, begrepen als veredeling van sociale ellende, geldt één vuistregel: Hoe decoratiever je de sociale conflictstof aanbiedt (bijzonder geliefd zijn op dit moment de grootstadsproblematiek en de constructie van de postkoloniale identiteit), hoe groter de kans op deelname aan een wereldtentoonstelling of biënnale.

De ACT-UP activiteiten, met aids- en genderprojecten, die, tenminste in het begin van de jaren 1990, ironisch genoeg door musea gefinancierd werden, beschouw ik hierbij als een geval apart.

LOGICA VAN DE ARBEIDS-
OVEREENKOMST

Men ziet hoe de 'kritische' kunst in opdracht zich identificeert met een werkelijkheid die haar bevestigt en excuseert — vormgegeven door de nieuw ontstane urbane levensstijl en nieuwe, door de economische globalisering aangestoken arbeidsverhoudingen.

De logica van de neoliberale arbeidsovereenkomst, die zich vanuit de productiesfeer over de hele maatschappelijke constellatie verspreid heeft, stuurt uiteindelijk ook de persoonlijke verhouding tussen de verdragspartners. Hetzelfde geldt vandaag ook voor het flexibiliseren van de arbeidsovereenkomst, zoals ze steeds vaker voorkomt, tegen een achtergrond van delokalisatie, vlakke hiërarchie, *outsourcing* en stijgende aantallen werklozen: tijdelijke contracten, honorariumovereenkomsten, overeenkomsten per job, goedkope arbeid, all-in contracten of onderaanneming vormen helemaal geen overwinning op de geldende 'economische waardeverhoudingen' (Herbert Marcuse), die het sociale verkeer onderdrukken en bepalen, maar spiegelen deze slechts in hun gemoderniseerde verschijning in het teken van de globalisering.

Dit proces van *fit-for-life* als overlevingsstrategie voltrekt zich voornamelijk in de vooraanstaande industriestaten. Oost-Europa en de Derde Wereld daarentegen worden herleid tot reusachtige, onuitputtelijke reservoirs van grondstoffen en arbeidskrachten, in vele gebieden omgebouwd tot consumptiemarkten wanneer, zoals in het geval van de DDR, het erom gaat de economische inlijving cultureel te legitimeren.

DERDE WERELD AAN DE
ACHTERDEUR: DE DDR

Naast de economische vereniging, die via het economische ook de sociale verhoudingen tussen de voormalige Duitse identiteiten naar Westerse criteria wou regelen, was het vooral een cultureel model van de DDR als een uit de moderniteit gesloten dwaalweg, dat geleid heeft tot de huidige zienswijze op de DDR-kunst en haar halfofficiële distributiekanalen.[5] De politieke en culturele isolatie van de DDR, zowel naar Oost als naar West richtte kunstenaars op een zogenaamd 'nationaal discours', een traditie die sinds 1938 onderbroken was; onder invloed van de staatscontrole nam voornamelijk de schilderkunst communicatieve ersatzfuncties over. Zo telde de *8. Kunstausstellung der DDR 1978* meer dan één miljoen bezoekers, die geconfronteerd werden met alledaagse problemen van seniorenvoorzieningen, gezondheidszorg, ecologie en stedenbouw in didactische, als allegorie verklede, zogenaamde 'probleemschilderijen'; uiteindelijk groeide er een privaat en halfofficieel verdeel- en discussiecircuit, dat na de hereniging volledig ineenstortte.

De perceptie van de DDR als een van de moderniteit uitgesloten dwaalweg lijkt sterk op het beeld van de kunst van 'vreemde' continenten als — lelijk gesteld — een of andere vorm van tribale kunst, die beurtelings als religieus, ritueel of folkloristisch geklasseerd wordt. Zodra de economische inlijving voltooid is, verandert de culturele interpretatiemodus. Stuk voor stuk ontdaan van hun niet in het Westerse beeld passende geschiedenis, werd de DDR geherdefinieerd tot Westerse hofleverancier van culturele grondstoffen.

Het erkennen van de DDR-kunst als een eigen, perspectiefrijk zijspoor in de recente Europese geschiedenis zou immers een herdefiniëring van de zogenaamde 'Westkunst' inhouden. Een dergelijk kritisch zelfonderzoek betekent echter een ondermijning van de prioriteitsaanspraken van centrum op periferie, en dus blijft het uit. Zoals Matthias Flügge stelt: 'Het is eenvoudiger de DDR-kunst op te sluiten in de afdeling "totalitaire regimes" van het historisch museum, als ongewenste herinnering, verre geschiedenis en verdrongen identiteit.'[6]

DE FUNDAMENTELE PRINCIPES VAN HET
CULTURALISME: IMPERIALISME,
RACISME, NATIONALISME

Ik wil hierna in een bondig historisch overzicht nagaan, welke cultuurideologische begripsmodellen doorwerken wanneer het gaat over de culturele status van 'andere', 'vreemde cultuurgebieden', en daarbij opmerken dat 200 jaar geleden geformuleerde principes de culturele status tussen zogenaamde Eerste en Derde Wereld construeren als een object-subjectrelatie, en dat de hedendaagse organisatievormen van de culturele uitwisseling tussen het Noorden en zijn vroegere kolonies in het Zuiden daardoor mee bepaald zijn. Imperialisme, racisme en nationalisme zijn de historische verschijningsvormen van de vandaag dominante ideologische beleidslijnen voor globalisering en culturalisme.[7]

De hedendaagse verschijningsvormen van culturalisme kunnen niet los gezien worden van de op het einde van de achttiende eeuw ontworpen cultuurideologie — met name het Duitse idealisme — al worden veel culturele activiteiten tussen Noord en Zuid gezien als democratische forums voor culturele uitwisseling en internationaal begrip. Bijzonder de tegenstelling tussen 'beschaafd' en 'primitief' enerzijds, en 'gecultiveerd' en 'barbaars' anderzijds, signaleren tegen eind achttiende eeuw de overwinning op de tot dan toe geldende staatsfilosofie van de 'natuurlijke staat' van de mens, die één met de natuur leeft. Het is de periode waarin de dichotomieën opduiken, die tot vandaag de culturele begripsmodellen bepalen.

Terwijl Kant in zijn essay *Idee zu einer allgemeinen Geschichte in weltbürgerlicher Absicht* [Idee voor een algemene geschiedenis in het perspectief van de wereldburger] uit 1784 een cultuurbegrip op moraalfilosofische gronden ontwikkelt, volgens hetwelk het begrip moraliteit een belofte inhoudt van maatschappelijke vooruitgang die zich voltrekt op de weg van natuur, over de beschaving, naar cultuur, heeft Schiller in zijn brieven *Über die ästhetische Erziehung der Menschen* [Over de esthetische opvoeding van de mensheid] uit 1795 een praktisch-pedagogische aanwending van cultuur op het oog.

Citaat van Schiller: 'Aufgabe der Kultur [...] ist es [...] den Menschen auch schon in seinem bloß physischen Leben der Form zu unterwerfen und ihn, so weit das Reich der Schönheit nur immer reichen kann, ästhetisch zu machen, weil nur aus dem ästhetischen, nicht aber aus dem physischen Zustand der moralische sich entwickeln kann.' Het gaat Schiller om de *Veredelung* van het bestaande; de pogingen tot emancipatie worden uit het 'rijk van de schone schijn' gelicht en doelend op de Franse Revolutie, waar Schiller sceptisch tegenover stond, stelt hij: 'Das politische Problem [...] muß [...] durch das ästhetische den Weg nehmen, weil es die Schönheit ist, durch die man zu den Freiheit wandert.'

Herder plaatst naast Kants onderscheid tussen cultuur en beschaving en Schillers programma voor veredeling van het bestaande een concept dat veel verder zou dragen — tot in het nazisme. Hij brengt begrippen als 'volk', 'natie', 'taal', 'cultuur' en 'menselijkheid' in een, zij het fictief-speculatieve, historische samenhang. In de nationale culturen, die Herder als individuele entiteiten benadert, zou tevens de hele menselijke geschiedenis gespiegeld zijn, voornamelijk in de opkomst en ondergang van de wereldculturen. Herder spreekt van 'Körper der Nation [...] in dessen sämtlichen Gliedern nur eine gemeinschaftliche Seele lebt.' Deze 'volksziel' zou zich in cultuur manifesteren. De mystificatie van de ziel verschuift het cultuurbegrip naar het domein van de *Einfühlung*, die Herbert Marcuse als volgt bekritiseerd heeft: 'In ihrer Eigenschaft universaler Einfühlung entwertet die Seele die Unterscheidung des Richtigen und des Falschen, Guten und

Schlechten, Vernünftigen und Unvernünftigen, welche durch die Analyse der gesellschaftlichen Wirklichkeit im Hinblick auf die erreichbaren Möglichkeiten der materiellen Daseinsgestaltung gegeben werden kann.' Herder's belangstelling gaat niet uit naar het omvormen, veranderen of veredelen van de werkelijkheid, maar naar de constructie van een specifieke Duitse nationale cultuur, die hij op een polemische manier ver boven, bijvoorbeeld, de Franse stelt, en uiteraard boven die van de rest van de wereld.

Het door Herder ontwikkelde programma voor een nationale cultuur, dat zich bedient van een nevelige, organische beeldspraak, en deze ziet als de onheilspellende 'zielskracht' van een volk, als dusdanig een voorafschaduwing van Spenglers cultuurmorfologie, werd ten laatste na het mislukken van de revolutie van 1848 de overheersende cultuurideologie in Duitsland, omdat ze in zekere zin de politieke emancipatiedrang van de burgerij verzoende met de Pruisische reststaat. Reeds in 1849 werd de 'zorg voor kunst als nationale bekommernis' in het Pruisische wetboek opgenomen. Na de stichting van het Duitse Rijk in 1871, werden de aanspraken van de Pruisische staat als 'cultuurstaat' de centrale legitimatieformule voor Duitse universiteitsprofessoren en geleerden. Zij zien zich voortaan als de hoeders van de 'cultuurstaat', schermen zich af van de massa, en zetten het begrip 'nationale cultuur' in tegen de instellingen van een zich zwakjes ontwikkelende parlementaire democratie.

Het aggressief-militaristische gebruik en de oorlogsretoriek van het nationaal cultuurbegrip laten zich lezen in een 'Oproep aan de culturele wereld' uit 1915, die, tegen de achtergrond van de Eerste Wereldoorlog, ondertekend werd door leidende figuren uit de Duitse kunst- en wetenschappelijke wereld, met o.a. Peter Behrens, Paul Ehrlich, Gerhart Hauptmann, Max Liebermann, Friedrich Naumann, Max Planck, Max Reinhardt en Wilhelm Röntgen: 'Diegene die

zich voordoen als verdedigers van de Europese beschaving staan allerminst in hun recht, zij die een verbond sluiten met Russen en Serven, en die de wereld het smaakvolle spektakel bieden Mongolen en negers op te hitsen tegen het blanke ras. Het is onwaar, dat de strijd tegen ons zogenaamd militarisme geen strijd tegen onze cultuur is, zoals onze tegenstanders huichelachtig beweren. Zonder het Duitse militarisme was de Duitse cultuur reeds lang van de aardbodem verdwenen. Om haar te beschermen is het ontstaan in een land, dat als geen ander eeuwenlang van roversbenden bezocht werd. De Duitse heer en het Duitse volk zijn één. Dit bewustzijn verbroedert vandaag 70 miljoen Duitsers, zonder onderscheid van opvoeding, stand of partij [...] Geloof ons! Geloof dat wij deze strijd ten einde zullen strijden als één cultuurvolk, voor wie zijn erfenis van een Goethe, een Beethoven, een Kant even heilig zijn als zijn haard en erf.'

Wat in deze oproep duidelijk naar voor komt: cultuur wordt ingebakken in het begrip 'cultuurvolk' en wordt racistisch verwoord. En: militarisme wordt synoniem voor *Kulturkampf* tussen naties. En een derde: cultuur als legitimatie van militarisme, ja als regelrechte patriottische opdracht tot oorlog.

Met op de achtergrond het imperialisme van met elkaar concurrerende Europese staten, waarvan de naar nationalisme omgeslagen agressiviteit tot de Eerste Wereldoorlog leidde, voerde Oswald Spengler in zijn boek *Der Untergang des Abendlandes* [De ondergang van het Avondland] (1918-1922) de toentertijd in dat Avondland toonaangevende, door Herder aangereikte voorstelling van wetmatige opkomst en verval der culturen naar zijn conclusie. Het eerste deel was in 1917 klaar, en diende de verwachte Duitse zege van een cultureel aura te voorzien, maar verscheen uiteindelijk pas in 1918 op het moment van de nederlaag. Daarin schuilt een zekere ironie, al had Spengler het heel anders bedoeld.

Spengler voorzag, ongeacht de nederlaag van het keizerrijk, niet alleen het voortbestaan van de beschaving van het Avondland (Duitse Rijk), maar onderstreepte haar historische plaats in navolging van de vergane grote culturen van Egypte, Babylonië, Indië, China, de Antieken, Arabieren en Mexico. Ieder van deze acht, mekaar periodisch opvolgende, grote culturen zou weliswaar haar eigen karakteristiek hebben — zo zou de Arabische 'magisch' en de antieke 'Apollinisch' geweest zijn — doch allemaal zouden ze slechts de aanloop vormen voor de eigenlijke hoogcultuur, de 'faustiaanse' cultuur van het Avondland, die Spengler een duizendjarig bestaan toedichtte. Centraal staat daarbij het begrip 'organisch', waaronder Spengler het groeipotentieel van een cultuur verstaat, waarbij haar kunst de spiegel van haar zielenleven zou zijn.[8]

De nazi's en bijzonder Goebbels hadden weinig moeite om dit organische, begrepen in de zin van volks-ziel in te bouwen in een cultuurideologie, gebaseerd op ras. Tegenover het heroïsche, organische en aristocratische van de arisch-Germaanse cultuur stelden de nazi's de decadentie en 'ontaarding' van de andere volkeren. Door de verschuiving van de culturele naar de nationale identiteit slaagden de nazi's erin de dualiteit van cultuur en beschaving, zoals door Kant en Schiller geformuleerd, op te lossen, aan de massa over te brengen en in te bakken in de culturele bestemming van de arische volkeren tot wereldheerschappij. De elementen van de burgerlijke cultuuropvatting — mystificatie van zielskracht en esthetische veredeling — zijn ingeschakeld in het nationaal-socialistische gemeenschaps- en rassendiscours.

TRIBALISME IN EUROPA: DE OORLOG IN KOSOVO

Het beeld dat het verlichte Avondland van 'anderen' en van 'vreemde' culturen had, en

vandaag klaarblijkelijk weer heeft — zoals een korte blik op de krantenberichten inzake overvallen, brand en bomaanslagen op mensen met andere culturele achtergronden bewijst —, dit beeld is 'racistisch' bepaald en in het domein van vrije wereldhandel binnengedrongen; het agressieve militarisme van de kolonialistische staten die mekaar in de Eerste Wereldoorlog bevochten duikt opnieuw op, cultureel veredeld, als een concurrentiestrijd van de Westerse economieën op de wereldmarkt. Natuurlijk is echte oorlog om territorium en markten te veroveren overbodig geworden ingevolge de overwinning van het jarenlang durende Oost-West conflict met zijn plaatsvervangende slagvelden in de Derde Wereld. Oorlog op dit moment is niet meer de uitdrukking van de concurrentiestrijd om markten, want die wordt uitgevochten met economische balansen, vijandelijke overnames, termijntransacties of optiehandel. Wanneer, zoals in Kosovo — een Derde Wereldenclave aan de Europese achterdeur — morele opvattingen en cultureel en religieus racisme een explosief mengsel gaan vormen, lijkt de hoogtechnologische, lasergestuurde oorlog paradoxaal genoeg uiterst primitief. Tribalisme, dat de Afrikanen in de schoenen geschoven wordt als een etnische specialiteit, krijgt precies op het Europese continent een gezicht.

Geopolitieke verbrokkeling, het tegenover mekaar uitspelen van etnische groepen, de destabilisering van de pan-Slavische beweging, bepaalden reeds onder het Keizerrijk de Duitse Balkanpolitiek, die een voorlopig hoogtepunt kende in de NATO-oorlog in Kosovo tegen Joegoslavië. Een korte terugblik: Met trillende stem en een meeslepende retoriek, de onvermijdelijke ingrediënten van de postkoloniale kruisvaarders, beconcurreerden politici en verslaggevers mekaar met horrorverhalen over Servische slachtingen tegen Kosovaarse Albanezen. De Duitse minister van landsverdediging Rudolf Scharping vergeleek de Servische gevangenenkampen met concentratiekampen.

Enig bewijs voor deze uitspraak, die de nazi-misdaden relativeert, bleef tot nog toe uit. In de Kosovo-crisis legden de moraalridders van de NATO dezelfde moralistische vastbeslotenheid aan de dag, waarmee ze ook het Turks-Koerdisch conflict te lijf gaan. En politiek gezien was de Kosovaarse oorlog een cadeau aan Slobodan Milosevic: de luchtaanvallen van de NATO smeedde de Serven samen rond hun nationalisme, en leverde Milosevic het voorwendsel voor de verdere militarisering van de maatschappij.[9]

WAT IS POSTKOLONIAAL RACISME?

Hoe zien de hedendaagse, postkoloniale vormen van racisme er dan uit? Hoe hangen ze samen met het economisch globalisme? Is er een noodzakelijk inherent verband tussen economische hegemonie en sociale onderdrukking?

Voor mijn definitie van racisme volg ik Theodore W. Allen, in zijn boek *The Invention of the White Race: Racial Oppression and Social Control* [De uitvinding van het blanke ras — racistische onderdrukking en sociale controle].[10] Racisme is geen psycho-cultureel fenomeen, dat rechtstreeks voortvloeit uit reeds bestaande, prekoloniale instellingen bij de veroveraar, maar wel de uitdrukking van economische rationaliteit en politieke hegemonie. Volgens Allen gebruikt de heersende klasse of de nationale grootmacht racistische onderdrukking gewoon om bepaalde sociale groepen blijvend uit het maatschappelijk bestel te sluiten. Racisme, historisch trouwens een uitvinding van de Engelsen om Ierland te onderwerpen, bedient zich van het concept van 'maatschappelijke dood', een argument dat ook centraal staat in Daniel Goldhagens controversiële boek *Hitler's Willing Executioners* [Hitlers gewillige beulen].[11]

Het antisemitisme, volgens Goldhagen eeuwenlang het nevenproduct van de christelijke cultuur, leidde via het maatschappelijk dood verklaren van de joden tot de holocaust. De stapsgewijze verandering van de joden in 'maatschappelijk doden' door de uitvaardiging van steeds restrictievere wetten, verbale en fysieke aanvallen, boycotmaatregelen, onteigeningen, enz, steunde — en dat maakte het boek bij zijn verschijning provocerend — op een brede consensus, en was niet uitsluitend Hitlers privé-probleem. De bereidheid om joden om te brengen was ook onder de gewone Duitse bevolking zeer algemeen; zoals Goldhagen aantoont aan de hand van de slachtpartijen van het Hamburgse politiebataljon 101, een uit heel normale burgers, uit alle bevolkingslagen samengestelde groep, die zonder enig bevel van bovenaf, op eigen initiatief, in Polen, Oekraïne en de Baltische staten beestachtige slachtpartijen op de joodse bevolking organiseerde. De 'maatschappelijke doodverklaring' is een voorwaarde voor racistische hegemonie. Theodore W. Allen heeft bij zijn onderzoek over de kolonisatie van de Afrikanen, Indianen en Ieren, volgend mechanisme blootgelegd: Zodra de veroveraars op stam- of verwantschapsbanden stoten, installeren zij een bevoogdende administratie, dat erop uit is de bestaande verbanden te loochenen, onder de voet te lopen, en uiteindelijk volledig buiten spel te zetten. De technieken zijn bekend: onteigening, opbouw van een politie- en gerechtsapparaat dat de nieuwe wetten van sancties voorziet en toeziet op hun toepassing, vernietiging van de familiestructuren door gedwongen migratie, en tenslotte de taalkundige en culturele ontworteling door het bewust uiteentrekken van de clanleden. De onderdanen verliezen hun culturele identiteit en de institutionele bescherming van hun stam- en verwantschapsbanden, en zijn volledig aan de veroveraar overgeleverd. Het doel van de veroveraar is het 'maatschappelijk doodmaken' van de veroverde groep. Als dat gelukt is, volgt een maatschappelijke heropbouw volgens een nieuwe ordening, die, en dat is vandaag

een beslissend punt, blijft bestaan lang nadat de kolonie zijn onafhankelijkheid verkregen heeft. Hoewel de hegemonie van de veroveraar politiek niet langer aanwezig is, blijft ze, overgenomen in de ter plaatse gebleven economische structuren die politiek en cultureel verbonden zijn met de moederconcerns van de vroegere kolonisatoren: oliemaatschappijen, mijnbouw, grootgrond- en plantagebezitters.

Welke rol kan cultuur daarbij spelen? Welke consequenties trekt zij uit de tegenstelling heerser-onderdrukte? In de optimistische variant, die Edward Said voorstelt, hebben imperialisme en racisme als reactie bij de onderdrukten een weerbaarheid gecreëerd en een proces in gang gezet van cultureel zelfbewustzijn en postnationale identiteit. De weerstand tegen de blanke veroveraar haalde uiteindelijk de bovenhand, aldus Said in zijn studies over literatuur.[12] Getransfereerd op de ontwikkelingen in de kunst sinds de avant-garde, zou men kunstenaars als David Lamelas, Helio Oiticica of, in een jongere generatie, Mona Hatoum en Shirin Neshat, kunnen aanvoeren als positieve voorbeelden van afweer tegen de invloed van Westerse culturele modellen, als kunstenaars die op grond van hun emancipatie uit geopolitieke gehorigheid en op grond van hun ervaring van ballingschap en migratie zowel de ideologie van de nationale staat als de bedrieglijke voorstelling van de universaliteit van de esthetische taal kunnen doorprikken en erin slagen een postnationale identiteit te formuleren.[13]

Niet iedereen ziet het zo optimistisch: Natuurlijk laten zich uit de maatschappelijke wederopbouw, geordend naar model van de veroveraar, onmiddellijk ook vormen van verzet afleiden; zo zullen, zodra de heersende macht in gevaar komt, delen van de onderdrukte bevolking ook privileges krijgen, en participeren aan die macht. Het voorbeeld van de mislukte revolutie in het Haïti van de negentiende eeuw, toont echter dat op dat moment het maatschap-

pelijk controlesysteem overschakelt van racistische op nationale onderdrukking. Hetzij Haïti, de West-Indies, of de politiek van de katholieke emancipatie en de unie met Groot-Brittanië in Ierland, het gegeven blijft hetzelfde: de koloniale macht vestigt zijn heerschappij door *Einbindung*.

Migrantenkinderen van de tweede en derde generatie in Parijs, Londen, Los Angeles of Berlijn produceren een cultureel tussengebied, en geven de geglobaliseerde wereld een vriendelijk, kleurrijk en vredevol aanzien. Aan de dubbelstrategie van migrantenkunstenaars die erin bestaat de postkoloniale identiteits- en subjectmodellen zogenaamd in het hol van de leeuw te formuleren, kan men verwijten dat ze zich perfect inpassen in de manier waarop de globaliseringsideologie zichzelf wil tonen. Migranten–kunstenaars hebben als lievelingen van de kunstwereld intussen een doorlopend abonnement op megatentoonstellingen en biënnales.

Aan welke processen de wereldforums voor culturele uitwisseling tussen Noord en Zuid deelnemen — culturele integratie, of cultureel gelegitimeerde segregatie — of ze nu de tegenstellingen tussen heersenden en onderdrukten slechts esthetisch maskeren, of ze integendeel het zelfbeeld van onderdrukten en armen daadwerkelijk versterken, dat alles blijft een open vraag, ondanks een eerder pessimistische inschatting van de situatie. Zelfs het lokale — in de jaren 1970 een zinvolle geopolitieke onderscheidende categorie — speelt vandaag nog slechts vaagweg een rol. Biënnales in Zuid-Afrika, Afrika, Azië of Australië lijken organisatorisch op de biënnales die plaatsvinden in de hoofdsteden van de leidende industriestaten, in Berlijn, Venetië, Lyon, of de triënnale van Yokohama, ten eerste omdat de Westerse curatoren en tentoonstellingsmakers over alle continenten roteren (met op sleeptouw de mondiale *art-community*) en ten tweede omdat de rijke industriestaten en hun veelvoud aan ondersteunende instanties de financiering van de nationale paviljoenen op zich nemen.

SLOTBEMERKING

Ik wil de vraag opwerpen, of samenwer-kingsprojecten op kunstgebied tussen Noord en Zuid een instrument zijn of een propagandaorgaan van de 'geapostrofeer-de' wereldkunst in het tijdperk van de glo-balisering, en ze het 'andere', het 'vreemde' naar buiten brengt, om het binnen een geglobaliseerde culturele economie als daad van zelfrepresentatie acceptabel te maken en als koopwaar consumeerbaar.[14]

Het in het veld veel gehoorde argument van de 'authentieke ervaring', die het moder-nisme ensceneerde als de confrontatie tus-sen toeschouwer en kunstwerk, wordt in veel van zulke Noord-Zuid kunstprojecten ad absurdum gevoerd — gelijk of deze 'authentieke ervaring' zich nu moet voor-doen in confrontatie met aboriginals in Sydney of met de club-scene in Berlijn.

De gestandaardiseerde vermenging van presentatiemodellen — zoals bijvoorbeeld Harald Szeemann deed in de tentoonstelling *dAPERTutto* tijdens de biënnale van Venetië in 1999 — verwijst naar een vandaag uiterst belangrijk punt: Vermits kunst steeds sterker opgaat in haar culturele presentatiemodellen en in haar economische omkadering, wordt ze steeds meer identisch met de aan deze modellen inherente ideologiefragmenten. Ze wordt dan een ornament van de werkelijk-heid, of een coulisse waar de werkelijkheid zich achter versteekt. Kunstwerken opladen met 'authenticiteit', loopt gelijk met het contextueel 'innemen' van de realiteit. De bezetting van het disparate Arsenale complex voor de biënnale van Venetië bete-kende niet automatisch een maatschappelijke terreinwinst voor de kunst.

De uitdaging om de confrontatie tussen het economisch globalisme van het Noorden en het culturele zelfbeeld van het Zuiden niet af te schuiven naar de periferie, maar in het hart van de industriestaten zelf aan-wezig te stellen als systeemkritiek, blijft tot nu toe open. In plaats daarvan beleven we de nu zo modieuze ensceneringen van communicatie. Goedmenende Noord-Zuid kunstprojecten lopen permanent het risico de behoeftes van de globale markt te be-vredigen door de productie van steeds gesofistikeerdere versies van 'andere' en 'vreemde' culturen en werelden.

De cultuurideologische kern van econo-misch globalisme is evident aanwezig in de organisatievorm van Noord-Zuid cultuur-projecten en biënnales. Waar dergelijke tentoonstellingen de historische en heden-daagse conflictlijnen ensceneren als orna-menten van de macht, onderdrukking en verdringing, bestendigen ze ook de grond-slagen van het culturalisme.

Dergelijke projecten kunnen evenwel ook weerbarstiger reageren op dit permanente risico en de verleiding van het economisch globalisme, vermomd als postkolonialisme met een veelheid aan identiteiten. In zover ze duidelijk kunnen maken dat Eerste en Derde Wereld geen mekaar uitsluitende entiteiten zijn, maar onderscheiden, en ongelijk bedeel-de partners in een globale economie, tonen ze niet de inbeelding van 'andere' en 'vreemde' culturen, maar juist de opbouw van het echte, harde conflict.

1.
Vgl. economische bijlage van de *Frankfurter Allgemeine Zeitung*, 6/3/2000. De val van de Berlijnse Muur hangt niet alleen samen met de wereldwijde beurs*boom*, maar ook met de constructie van de 'Berlijnse Republiek'. In dezelfde uitgave van de krant, een paar bladzijden verder, betreurt de socioloog Heinz Bude, uitvinder van de catchy formule 'Berlijnse Republiek', 'de verandering van houding van kritiek naar één van definitie. Daar zit de ervaring achter van het Europese revolutiejaar 1989, waarmee het twintigste-eeuwse wereldbeeld verdwenen is. Het definitieve verlies van alle utopieën vereist vandaag een overdreven beantwoorden aan de gegevenhe-den, zonder mogelijke uitweg.' Ook al is op de beurzen de 'nieuwe economie' gecrasht, en grijpt ze ironischerwijze naar maatregelen van de oude economie, namelijk het onslagen van werknemers, toch spiegelt ze net zoals voorheen nog een tot de verbeelding sprekend potentieel voor: toekomstgerichtheid. Deze gerichtheid op de toe-komst wordt bijvoorbeeld, ondanks de huidige crisis van de 'nieuwe economie', uitgedrukt in het eufemistische 'volgende economie'.

2.
Chomsky ziet deze instellingen als 'kernstuk van een "feitelijke wereldregering", die in een "nieuw tijdperk van het imperialisme" de belangen van de transnationale ondernemingen vertegenwoordigt'.

Noam Chomsky, *Profit Over People — Neoliberalism and Global Order* (New York, 1999).

3.
Toni Negri en Maurizio Lazzarato noemden deze ontwikkeling 'imma-teriële arbeid'. De 'immateriële arbeid' heeft de klassieke loonarbeid vervangen, en is een vorm van subjectproductie onder de verander-de post-Fordistische productievoorwaarden. De fysieke kern van de loonarbeid lost op in de informatie-economie, en in plaats daarvan stijgt de vraag naar vaardigheden op gebied van financiële en com-municatieve dienstverlening en naar informatieve, culturele en reto-rische opleiding.
Toni Negri, Maurizio Lazzarato, en Paolo Virno, *Umherschweifende Produzenten — Immaterielle Arbeit und Subversion* (Berlijn, 1998).

4.
In het Oostenrijkse paviljoen stelden Ecke Bonk, Peter Friedl, Rainer Ganahl, Christine en Irene Hohenbüchler, Knowbotic Research, de Typosophic Society en de groep WochenKlausur tentoon. Tijdens de voorbereidingen kwam het tussen de kunstenaars tot grote spannin-gen en uiteindelijk tot een uitbarsting omdat de Hohenbüchlers samen met kunstenaarsgroep WochenKlausur een gezamenlijk Kinderdorp–project voorstelden. Rainer Ganahl verweet hen 'dwang-collectivisering' en pleitte voor 'individuele posities die zich niet onderwerpen aan de logica van oorlog en onderdrukking, kapitaal en concerns'. Christine en Irene Hohenbüchler realiseerden een proto-type voor een 'Moeder-kind huis' voor terugkerende Kosovaarse moeders, als alternatief voor de vluchtelingencontainers. De groep WochenKlausur maakte reclame voor een taalcursus in Bosnië.
Peter Weibel, *Offene Handlungsfelder/Open Practices* (Keulen, 1999).

5.
Hier volg ik de uiteenzetting van Matthias Flügge,'Zur Geschichte der Kunst in der DDR', in Marius Babias, *Thüringer Rostbratwurst* (Frankfurt/M., 1999) 18–26. Over het herbekijken van de Oost-Duitse subcultuur met Stasi-biotoop, en specifiek de ontmaskering van *underground* leider Sascha Anderson als Stasi-mol, zie Marius Babias, 'How did you do it, Sascha?', in *Jungle World*, n° 22 (2000).

6.
Flügge, *idem*, 26.

7.
Alle citaten betreffende Kant, Herder, Marcuse en 'Oproep aan de Culturele Wereld' uit Jost Müller, *Mythen der Rechten — Nation, Ethnie, Kultur* (Berlijn, 1995) 33–62.

8. Een diepergaande uiteenzetting over Spenglers *Untergang des Abendlandes* vindt men in: Jost Hermand, *Literaturwissenschaft und Kunstwissenschaft* (Stuttgart, 1965).

9.
Voor een kritische balans van één jaar Nato-protectoraat in Kosovo, zie Jürgen Elsässer : 'Der Sieg der Nato hat dem albanischen Faschismus zum Durchbruch verholfen.'
Vgl. Jürgen Elsässer, 'Blutiger Lorbeer', in *Konkret* n° 8 (2000) 15–17.

10.
Theodore W. Allen, *The Invention of the White Race: Racial Oppres-sion and Social Control*, Deel 1 (New York, 1997).

11.
Daniel Jonah Goldhagen, *Hitler's Willing Executioners: Ordinary Germans and the Holocaust* (New York, 1996).

12.
Edward W. Said, *Culture and Imperialism* (New York, 1993).

13.
Benjamin H.D. Buchloh evalueert David Lamelas' werk in Zuid-Amerika — geïsoleerd van de ontwikkelingen in de Verenigde Staten en West-Europa — zeer positief: 'Dit beïnvloedingsmodel wordt onmiddellijk buitenspel gezet, als we de ontwikkeling van Davis Lamelas' werk in het Buenos Aires van de vroege jaren 1960 bekijken, waar hij strategiën voor artistieke werking en inzichten in hun context-specifieke voorwaarden ontwikkelt, die zich tot dan toe zelfs niet in aanleg gemanifesteerd hadden in de centra van de Verenigde Staten of West-Europa.'
Benjamin H.D. Buchloh, 'Struktur, Zeichen und Referenz in der Arbeit von David Lamelas', in *David Lamelas, A New Refutation of Time* (Kunstverein München en Witte de With Rotterdam, 1997) 161–175.

14.
Georg Schöllhammer, 'Handelswege 1960 ff – Sieben Skizzen zum kulturellen Güterverkehr' in *Import Export* (Salzburger Kunstverein, Museum voor Moderne Kunst Arnhem en Villa Arson Nice, 2000) 39–45.

HEALING

Wim Peeters

Een onderzoek naar wat globalisering als Westers idee op een ruimer plan behelst — voorbij een postkoloniaal zelfonderzoek — kan waarschijnlijk niet zonder het uitlichten van een aantal trauma's van de Westerse samenleving, en de manier waarop ze zich vandaag in meerdere of mindere mate laten vertalen naar een *culture of display*, de som van productie- en representatieplatforms voor hedendaagse kunst en de manier waarop ze zich aandienen in het werk van een ruime maar specifieke groep kunstenaars van uiteenliggende generaties.

Healing is daarnaast een tentoonstelling die de functies van die tentoonstellingsplatforms ondervraagt; hoe deze kunnen omgebouwd worden van een *culture of display* (de plek waar het 'ander' getoond wordt) naar een conflictzone waar de afstand en isolatiemechanismen van een enkelvoudig tonen overbrugd worden. Meer dan één tentoonstelling werd de voorbije decennia opgebouwd als een contact-zone tussen verschillende culturele dispositieven. Het hybride als deconstructie van de culturele eigenheid kon als verzetsstrategie binnen een dergelijk model van cultureel eenrichtingsverkeer, niet zonder achter de façade van politiek correct tentoonstellingsmodel het exotische als spiegel van een Westers narratief of verlangen op te nemen in een Westers gevaloriseerd veld van culturele goederen om op die manier de institutionele integratie van het exogene te versnellen. *Healing* verkiest een anders geschakelde frictie die niet in de eerste plaats gericht is aan een monolithisch cultuurbegrip maar de gefragmenteerde identificatie van het hybride verbindt met het traumatische. De culturele parade waarin Oost-Europa, Afrika, Latijns-Amerika en ook Australië de voorbije jaren konden

optreden vanuit een geromantiseerd of utopisch pluralistisch perspectief, luidde vooralsnog niet de institutionele transformatie in die haar begeleidend discours leek aan te kondigen en resulteerde voorbarig in de institutionalisering van het exogene — gelegitimeerd door een verschuiving van economische en kunsthistorische zwaartepunten. In *City of Quartz*[1] ontwikkelde Mike Davis een diachronische beschrijving van de ontwikkeling van Los Angeles aan de hand van diens verschijnen in de populaire en hoge cultuur, een beschrijving van de evolutie van architectuur en stedebouwkundige projecten in relatie tot demografie en migratie. Vanuit de bakermat van de hollywoodcultuur — die ooit ook schuiloord was voor bijvoorbeeld Thomas Mann in de oorlogsjaren — biedt *City of Quartz* als een onderzoek naar de ontmoeting van fictie en werkelijkheid naar aanleiding van een concrete plaats, onbewust een model om de hybriditeit van culturele waarden — wat gangbaar met *third space* aangeduid wordt — te isoleren en te analyseren als één territorium binnen de utopische, maar ook dystopische exponenten van de huidige samenleving. *Healing* maakt in het verlengde van *City of Quartz* ruimte voor een onderzoek naar het utopische, het dystopische, het exotische en het geheugen in relatie tot wat we kunnen omschrijven als de collectieve verbeelding van de Westerse samenleving en de manier waarop deze zelf het voorwerp wordt van verschuivings- en democratiseringsmechanismen. In tegenstelling tot een verbeelding van de plaats in *City of Quartz*, biedt *Healing* een cartografie van de verbeelding in een overkoepelend veld van culturele verschuivingen. *Healing* tracht de dispositieven achter die atlas van de culturele productie en de schaal waarin deze zich laat mappen van 1 op 1 tot oneindig te rekken — om op een aantal breuklijnen — historisch, politiek, cultureel — die collectieve verbeelding en haar democratisering zelf aan het werk te zetten. In die

optiek is *Healing* niet de plaats waar geografische zones in elkaar gepast worden — onder het voorwendsel van een posthistorische wedersamenstelling — maar het veld waarin de puzzelaar — om niet misleid te worden door de naderende voorstelling — een totaalbeeld tracht samen te stellen met de afbeelding van de puzzelstukken naar het tafelblad gekeerd. De afwijking die — achteraf — kan vastgesteld worden, kan als een overschot aan betekenissen gezien worden dat onder elke voorstelling verloren gaat.

I LIKE AMERICA AND AMERICA LIKES ME

Twee historische *landmarks* kunnen uitgezet worden om zo'n vooropgesteld onderzoek historisch te situeren. In mei 1974 leeft de Duitse kunstenaar Joseph Beuys drie dagen lang achter een metaaldraadafsluiting in de New Yorkse galerijruimte van René Block samen met een uit Nieuw-Mexico geïmporteerde coyote. *I Like America and America Likes Me* is op het hele oeuvre na, waarschijnlijk Beuys' langste performance: ze begint bij diens vertrek uit Europa naar de Verenigde Staten, en houdt op na meer dan één week bij diens terugkeer. De performance brengt in het belang van de tentoonstelling twee elementen samen: Enerzijds het 'animisme', of de sjamaneske genezer van de cultuur als toeëigening — zoals in meerdere performances verlaat Beuys zich op contact met een dier om — in het geval van *I Like America* de gespannen relaties tussen Europa en de Verenigde Staten in kaart te brengen. Het dier in kwestie — een coyote — symboliseert de ongeschonden staat van het Amerika dat Beuys' voorkeur wegdraagt, een ongerepte natuurlijke toestand die verwant is met de geïdealiseerde beschrijvingen van de natuur van bijvoorbeeld Jean Jacques Rousseau. Politiek heeft Beuys' bezoek rechtstreeks betrekking op de interventies van de Verenigde Staten in Vietnam — de kunstenaar weigerde trouwens een bezoek te brengen aan de Verenigde Staten voor de volle duur van het Vietnam-conflict. Naast en doorheen het principe van het animisme treedt bij *I Like America* het ideaal van de *Wiedergutmachung* op het voorplan dat Beuys waarschijnlijk meer dan welke kunstenaar ook als trauma achtervolgt na diens vliegtuigcrash in de Krim.

I Like America and America Likes Me, 1974
Joseph Beuys
Documentaire video, zwart-wit, 28 min
Collectie S.M.A.K., Gent

Op een zestal platenspelers draaien tegenover dat trauma Marcel Duchamps *Rotoreliefs*, in een verwoede poging de bezoeker in een ander hypnotisch spel te betrekken.[2] *Rotoreliefs* ontneemt de door Beuys opgewekte begeestering alle spontane ongereptheid door met mechanische middelen het onderbewuste als een technisch opwekbare ervaring te ontmaskeren — het (seksueel) onderbewuste wordt op een gelijke lijn geplaatst met de aandrijving van een platenspeler. Duchamp die als grondlegger van een surrealistisch legaat geboekstaafd staat, reduceert kunst tot een dubbelzinnig maar gedemystifiëerd libidinaal principe; letterlijk in het scopisch regime dat wordt geïntroduceerd, figuurlijk in de erotische connotaties die door Duchamp worden verbonden met de uitstulpende en concave illusies die de bewegende spiraalmotieven voortbrengen. Twee uitersten van de Europese cultuur staan met *I Like America* en *Rotoreliefs* tegenover elkaar: De onwaarschijnlijke dramatiek van

Europa's genezer — in zeker opzicht treedt Beuys in de schaduw van Albert Schweitzer — die de nieuwe wereld intrekt, om er een romantisch pact te sluiten, maakt Beuys tot de laatste begeesteraar van een naïef verlangen naar de grotere orde van een cultureel onderbewuste. Haaks daarop staat Duchamp als eerste cynicus van die grote orde. Het continentale oog is vanuit die tegenstelling gedeeltelijk uitgetekend, of althans de extremen waartussen het zichzelf reveleert: de romantisch geïdealiseerde toeëigening van het ander, of de uiterste terugplooiing op het libidinale en rationele zelf. Vertaald naar vandaag treedt de kunstenaar daarbij wisselend op als voyeur van het lokale en als pornograaf van het globale. Buiten beeld verschijnt daarbij een dicht geweven collectief trauma waarop idealisme en pragmatisme postvatten respectievelijk als verschuivingen in het herinneren en regelrecht revisionisme.

Op 16 mei 1996 vindt Andreas Slominski, tijdens een wandeling op het domein van het voormalig concentratiekamp Buchenwald een 1 pfennig muntstuk uit 1943. *Glückspfennig* is nu een stoorzender in een discours omtrent afasie en medeplichtigheid: het muntstuk wordt tentoongesteld in een glazen vitrinekast met een kort begeleidend schrijven rond tijd en plaats waar het object werd aangetroffen. In alle ambivalentie ontlaadt het wat het sinds 1943 aan potentiële betekenissen en contradicties accumuleert: een overschot aan betekenissen zit als ultiem cynisme van een consumptielogica vervat in een draagbare fetisj. Het megalomane neemt in *Glückspfennig* de vorm aan van wat nauwelijks zichtbaar is, een 'geweten' als ziekelijke grap en schoonheid in diens uiterste perversie. Tegenover Slominski's welgemikte archeologie staat *Painting Cocks* een performance van Jiro Yoshihara uit 1956. Het beeld van Yoshihara, die levende kippen beschildert in een voor Amerikaanse *Life* reporters geënsceneerde performance

is gesitueerd in het Japan van net na de inmenging in de Tweede Wereldoorlog. Yoshihara's performance was aanstootgevend, zo aanstootgevend zelfs, dat de *Life* reportage nooit werd gepubliceerd. De performance etalleerde een — naar Amerikaanse normen — schromelijke misconceptie van het begrip schilderkunst. De vroege schilderkunstige experimenten van de Gutai groep werden gaandeweg de tweede helft van de twintigste eeuw hoe langer hoe meer beschouwd als voorbodes op de performance-kunst die in diens institutionele gedaante pas zo'n tien jaar later in de Verenigde Staten opwachting maakte met de happenings van ondermeer Alan Kaprow. De beweging vond echter snel aansluiting bij de Europese informele beweging en werd zo lange tijd elke aanspraak ontnomen op affiniteiten met action painting of happening.

Rotoreliefs, 1935
Marcel Duchamp
Gedrukte ronde schijven, karton
Collectie Ronny Van de Velde, Antwerpen

Vijftig jaar later overstijgt ondermeer *Painting Cocks* de nauwe grenzen van een debat over media en integriteit om geheel onverwacht als overschilderde werkelijkheid in *Glückspfennig* diens archeoloog te ontmoeten en in Joseph Beuys diens eigen dompteur.

Het animisme bij Beuys wordt als animatieprincipe bij Kerry James Marshall radicaal politiek gede-idealiseerd. Marshall richt zich uitlopend op de *civil rights movement* radicaal op een zwarte identiteit en waardigheid. Voor *Carnegie International 99/00* concipieerde Marshall *Rythm Mastr*, een op krantenpapier gedrukte strip, ontworpen om vensters mee te beplakken. De *newspaper-comic* ontneemt over de gehele gevelbreedte van de tentoonstellingsruimte het zicht van buiten naar binnen en van binnenuit op de straat. *Rythm Mastr* refereert met die halfpublieke halfprivate ingreep aan de snel wisselende vastgoedsector; stedelijke leegloop, het komen en gaan van winkels en dichtgemaakte gevels

Rythm Mastr, 1999–2001
Kerry James Marshall
Offset op krantenpapier
Courtesy Jack Shainman Gallery, New York
Installatiezicht *The Big Show: Healing*,
NICC Antwerpen (2001)

die verbouwingswerken maskeren. Als beeldverhaal verbindt *Rythm Mastr* het globale met een dystopie: de ondergang van een postnationale samenleving wordt uitgevochten in een stedelijk armagedon. Nieuwsverslaggevers, eendagshelden en activisten figureren in een fictief verhaal dat door de transparantie van het papier nooit van A tot Z kan gelezen worden. Stilistisch zweeft *Rythm Mastr* tussen het beeldverhaal en de cartoon en krijgt vanuit die tussenpositie toegang tot de groteske uitbeelding van culturele stereotypes. Door de projectie van een cultureel verleden op de toekomst

wordt in *Rythm Mastr* naast de kimono bijvoorbeeld ook het Afrikaanse masker opnieuw een inspiratiebron, niet voor de kunstenaar, maar voor de radicale subcultuur die zich bedient van een arsenaal aan culturele erfgoederen. *We Mourn Our Loss* is een reeks beelden die Marshall eind jaren 1990 realiseerde. Het veelluik voert de gebroeders Kennedy en King op als een moderne triniteit voor jongere generaties en is net als Slominski's *Glückspfennig* gericht op een eeuwige aanwezigheid. In de tentoonstelling werd een rechtstreekse confrontatie opgezocht met Beuys' eufemisme *I Like America and America Likes Me*.

De Canadese kunstenaar Stan Douglas biedt een overbrugging tussen die Amerikaanse subcultuur van *Rythm Mastr* en de Europese hoge cultuur. *Deux Devises: Breath and Mime*, een audiovisueel werk uit 1983 onderwerpt in eerste instantie het medium film aan een deconstructie van twee basisprincipes: adem en mime. *Deux Devises* is opgebouwd uit twee opeenvolgende diaprojecties met geluidsband. Het eerste luik *Breath* bestaat uit een projectie van een getypte Engelse vertaling van het lied *Ma belle rebelle* [My beautiful rebel] (1864) van de Franse componist Gounod. Op de neutraal grijze achtergrond van de geprojecteerde dia's gaan de ondertitels van het lied een elliptische relatie aan met een afwezig beeld. In ijdele verzuchtingen beschrijft het lied zelf een onbereikbare liefde om de soundtrack te vormen voor een nog fundamenteler verlies. Door de nooit perfecte synchronisatie tussen tekstprojectie en klank drijven het gezongen origineel en de vertaling onherstelbaar uit elkaar. *Mime* in het tweede luik duidt op de begeestering voor het bewegende filmische beeld waarvan de bewegingsillusie opgewekt wordt door een snelle opeenvolging van geprojecteerde beelden van, in het geval van *Mime*, Douglas' mond. De soundtrack bij *Mime* is *Preachin' Blues* van

Robert Johnson uit 1936. Twee muzikale vormen treden in *Deux Devises* tegenover elkaar; het klassieke lied en de blues, om met heel eenvoudige middelen de bouwstenen van de film op een fundamentelere

Deux Devises: Breath and Mime, 1983
Stan Douglas
Installatie: zwart-wit diaprojectie met geluidsband
Courtesy David Zwirner Gallery, New York

vorm van verlies te betrappen: dat van de menselijke representatie en bijgevolg van identiteit. Ook in *Mime* treedt een verlies op als een verschuiving in nauwe samenloop met de blues die in *Preachin' Blues* bezongen wordt als een bezetenheid die het lichaam betreedt en dan weer verlaat. *Deux Devises: Breath and Mime* kan in die optiek als een zelfportret gelezen worden. De in Canada opgegroeide zwarte kunstenaar kan de vereenzelviging met de blues van Johnson alleen maar simuleren; identificatie kan alleen door mimesis ingevuld worden om op die manier ontoereikend te blijven. *Deux Devises* is de gespleten incarnatie van het onmogelijk samenvallen van representatie en identificatie als fundament van de symbolische orde.

Op vergelijkbare wijze gaat Douglas te werk in *Hors-Champs*, een video-installatie die aan weerszijden van een in de ruimte opgehangen projectiescherm een opname toont van een musicerend jazzensemble. Douglas hanteert twee verschillende camera-instellingen, één werd overgenomen van de officiële televisiestijl van de jaren 1960 en toont individuele muzikanten in close-up waabij de camera telkens gericht wordt op de muzikant die de dragende melodische lijn vertolkt. De andere zijde van het scherm toont dezelfde muzikanten op schijnbaar minder cruciale momenten, wachtend en anticiperend om een lijn over te nemen of te ondersteunen. De soundtrack is een opname van Albert Aylers *Spirits Rejoice* waarin geciteerd wordt uit *la Marseillaise* en *Star Spangled Banner*, niet toevallig twee revolutionaire composities die het republikeins fundament vormen van de naties Frankrijk en Amerika. Het filmische onderscheid tussen auditief cruciale en muzisch evenwaardige partijen voert dit onderzoek naar de gespannen relatie tussen representatie en identificatie verder door. Net als bij Stan Douglas is de identificatie met JFK en Martin Luther King bij Kerry James Marshall — in het geval van Marshall met grafische middelen — gericht op het wisselend uitlokken van en het mis-

James Dean's Tragic End, uit de reeks *Plötzlich diese Übersicht*, 1981
Peter Fischli & David Weiss
Ongebakken klei
Collectie J.-P. Jungo, Genève

lukken van die identificatie. De schilderijen in *We Mourn Our Loss* werden bewerkt met een druktechniek waarbij gradueel in het veelluik de gezichten van de protagonisten over elkaar schuiven; enerzijds wordt zo een symbolische verdichting van ideeëngoed bereikt, anderzijds wordt de identificatie bemoeilijkt door een gemaskeerd gelaat.

In 1981–82 pakt het Zwitserse kunstenaarsduo Peter Fischli & David Weiss uit met

Plötzlich diese Übersicht, een verzameling van 180 werken in ongebakken klei die werden voorgesteld in galerij Stähli in Zurich. In vergelijking met de thematische specificiteit en precisie in de twee aangehaalde werken bij Stan Douglas zijn de onderwerpen die door Fischli & Weiss in *Plötzlich diese Übersicht* werden aangesneden onoverzichtelijk divers. Wat in plaats van de juxtapositie van twee dispositieven bij *Plötzlich diese Übersicht* als structuur aan de oppervlakte verschijnt is de panoramische persiflage. Eén scene uit deze verzameling figurines draagt de titel *James Dean's Tragic End*. Op een kleine basis werd schetsmatig met een stippellijn een asfaltweg aangeduid. Naast die weg staat een boom met daartegenaan een kleine auto. *James Dean's Tragic End* vat het einde van het Amerikaanse *hero*-model samen in een klomp ongebakken klei, gemonumentaliseerd op schaal van een miniatuur. Als totaliteit formuleert *Plötzlich diese Übersicht* een appel aan het collectieve vanuit een enigzins tegendraadse enscenering door wisselend te concentreren op sleutelfases en op het ogenschijnlijk banale detail zoals Douglas' *Hors-Champs*. *Plötzlich diese Übersicht* biedt die variërende cadrage op schaal van de geschiedenis die het toneel wordt voor een verraderlijk speelse dramaturgie. Eenzelfde panoramisch beeld werd door het kunstenaarsduo ook voorgesteld in *Sichtbare Welt* uit 1987–99; een acht uur lange videoprojectie werd opgebouwd als een parade van banale en archetypische zichten die aan elkaar geschakeld werden door *fade-outs*. *Sichtbare Welt* biedt een voorstelling van het ideale landschap zonder daarin voor de verbeelding een toegang te creëren: het ritme van de beeldprojectie in *Sichtbare Welt* ligt te hoog om op het individuele beeld te concentreren. Eerder dan een filmisch narratief biedt *Sichtbare Welt* de centrifugale of centripetale omloop van een draaiende spiraal om bewust niet door te dringen onder de oppervlaktelagen van een populaire beeldcultuur.

PAY FOR YOUR PLEASURE

Als voorlopig sluitstuk van een documenteringsarbeid van de verschillende fases in de Russische samenleving realiseerde Boris Mikhailov eind jaren 1990 de fotoreeks *Case History*. *Case History* brengt als verzamelband een reeks mensen in beeld die zoals Mikhailov stelt '[…] had recently lost their homes. According to their position they were already the bomzhes ("bomzh" = the homeless without any social support), according to outlook they were simply the people who got into trouble. Now they are becoming the bomzhes with their own class psychology and "clan" features. For me it was very

Case History, 1997–98
Boris Mikhailov
Kleurenfoto

important that I took their photos when they were still like "normal" people. I made a book about the people who got into trouble but didn't manage to harden so far.'[3]

Ook Mikhailovs toeschouwers zijn niet gehard. Het voyeurisme dat zich in de rauwe, haast pornografische uitvergroting geleidelijk verplaatst van beeld naar beeld om in laatste instantie de toeschouwer zelf te viseren lijkt gepland als een brutale aanval op een onverzadigbare beeldhonger. *Case History* werd volledig in kleur gemaakt. Van een picturale manier om kilte en historisch patina in het beeld te leggen — Mikhailovs vorige fotoreeksen werden met

Installatiezicht *The Big Show: Healing*, NICC Antwerpen (2001)

toner bewerkt (de bruine reeks en de blauwe reeks) — wordt in *Case History* die ouderdomslaag over het beeld ingeruild voor middelen die het historisch situeren. Door iconografische referenties en compositorische klassiekers te hanteren, bekleedt *Case History* de geportretteerden met een onmiskenbare historiciteit: de Christusfiguur, het herderstafereel, de odalisque, of ook de gaskamer. Ogenschijnlijk los van *Case History* realiseerde Mikhailov in de loop van 2001 een reeks foto's in diens woning in Berlijn. De foto's zijn still-opnames van een televisiescherm: oorlogsbeelden, pin-ups, politici, sportmanifestaties en nieuwspresentatoren. De beeldhoeken vertonen een licht rondende cadrage omdat ze rechtstreeks van de beeldbuis werden getrokken. Om een reeks als *Case History* ten volle te begrijpen is het belangrijk dit voorlopig schetsmateriaal op gelijke voet te lezen. De recente reeks televisiesnapshots bevat namelijk dezelfde symbolische onderlagen die in *Case History* werden aangewend om menselijk leed met een — mis-

schien geperverteerde — waardigheid te bekleden. In die zin is *Case History* niet meer dan een spiegel van de mediamaatschappij waarmee die op grond van morele concurrentie leeft. Het feit verder dat Mikhailov de modellen voor *Case History* betaalde, vormt een uitvergroting van een logica die bij uitbreiding over het Westerse culturele veld kan doorgetrokken worden onder het motto *pay for your pleasure*. *Case History* bevat een confrontatie met het DNA van de alteriteit, en reveleert diens formule; in laatste instantie de afwezigheid in de symbolische orde.

De beeldreeks van Mikhailov wordt in de tentoonstelling onrechtstreeks geconfronteerd met een verzameling objecten uit de tweede helft van de twintigste eeuw; Alain Delons motorfiets, een eenzit van Sigmund Freud, een stoel van Maria Callas, de voetbal van Pélé, de eerste camera van Rainer Werner Fassbinder, een microfoon van Malcolm X, een vislijn van Ernest Hemingway, een golfclub van George Bush, een bokshandschoen van Mohammed Ali, een handtas van Twiggy, een Beatles pak uit de opnames van St. Peppers Lonely Heartsclub Band, een kroontje van Mata Hari en een tok van Lady Diana. Elk van die voorwerpen wordt begeleid door een korte biografische nota en een portret van de vooraanstaande tegen een blauwe, rode of gele achtergrond. De voorstelling is te institutioneel om een privé verzameling te zijn of de uitdrukking van een dilettantische geest. *12 Historical Objects*, een installatie van de kunstenaar Guillaume Bijl, is net als THE BIG SHOW zelf een gesimuleerde verzameling die een collectief geheugen zou kunnen uitdrukken of boeien. *12 Historical Objects* werd opgebouwd als een dubbelzinnige bloemlezing op de groten der aarde. Gepresenteerd op sokkels ondergraaft de verzameling memorabilia evenwel de tentoonstelling als Westers medium en instaureert deze tegelijk als een

onverbreekbaar obligaat verbond tussen objecten en betekenissen dat gemedieerd wordt door context en authenticiteit.

Tatjana Dolls grote lakschilderijen reduceren, op maat van het object, het beeld zelf tot een symbool of tekenfunctie. Meer dan een semiotisch substituut voor het beeld evenwel vormen de grote plakkaten van de Berlijnse kunstenares een schakel in een discours rond verstedelijking waarin de tekenfunctie van het beeld aangegrepen wordt als motief en als strategie ten aanzien van de zichtbaarheid, leesbaarheid, maar ook camouflage van het beeld in relatie tot grootstedelijke en maatschappelijke *issues*. Ogenschijnlijk ontdaan van elke vorm van intimisme zijn Tatjana Dolls voorstellingen gedepersonaliseerd om vanuit die weigering van elke vorm van subjecti-

Installatiezicht *The Big Show: Healing*, NICC Antwerpen (2001)

viteit aansluiting te bieden met de populaire cultuur in een herdefinitie van het subject als type. De ogenschijnlijk kriteikloze beelden vormen een scherp commentaar op sociale wantoestanden, door een verdubbeling van die tekens die onzichtbaar het maatschappelijk weefsel disciplineren en structuren. Het werk van Doll heeft er dan ook alle baat bij dit te onderzoeken in een context van verstedelijking en de manier waarop sociale mechanismen daarbinnen actief zijn. Het schilderen bij Doll zoekt opnieuw aansluiting met een vorm van massaproductie, zonder daarbij op serialiteit of repetitiviteit aan te sturen. Waar het modern schilderkunstig *relay* van beeld en betekenissen ooit nog een kritiek kon formuleren op de moderne beeldfetisj vormt het werk van Doll een integratie van indexicale en iconische functies om zichzelf zo onmiddellijk mogelijk te formuleren, op grote schaal, en zonder alibi's. Eerdere reeksen van Doll benaderden een samenvallen van beeld en schaal van de voorstelling: een groep beelden van vrachtwagens en containers werden op ware grootte ingepast in het raam van het doek. Doll's werk getuigt op die manier van de nood aan herbepaling van diens context en diens visibiliteit in een nieuwe beeldeconomie, om het in een complexloos evenwicht te brengen met de realiteit waarin het zich situeert. De bemiddelde toegang die Mikhailov tot de symbolische orde creëert wordt door Doll scherpgesteld op de mechanismen die daarbinnenin actief zijn in de uitvergroting van een maatschappelijk performant tekensysteem.

Het werk *Out of the Blue* van Daniela Keiser tenslotte zou op een ruimer plan met die herdefinitie van het subject verbonden kunnen worden. Een lichtbundel vertrekt centraal uit een concentrische opstelling met suiker, dia's, kleefband, glazen en muntstukken. Het werk vormt een hedendaagse *wishing well*, waarin het efemere uitmondt in een panoptisch visioen. Keisers werk is een onderzoek naar vertaling en variatie waarbij het lokale op verschillende niveaus een intrede doet in het werk: glazen voor typische regionale dranken zijn het recipiënt voor vreemde valuta. In het midden van het werk werden dia's concentrisch in kwartbogen uitgespreid over de vloer: het normalerwijze geprojecteerde beeld is niet langer translucide en wordt onleesbaar zelf het voorwerp van een gesubjectiveerde projectie. Een lege lichtstraal die richting toeschouwer vertrekt verbindt

zichtbaarheid en verblinding als vertreksituatie van een panoptische werkelijkheid. Lichaamscultuur en opsmuk worden met medische en cosmetische stalen in de ring gebracht om geografische identiteit op een parallelle lijn te plaatsen met maquillage en *body shaping*. *Hello Bunita Markus* is een installatie die Keiser eerder realiseerde in het Zwitserse Basel. In een galerijruimte werd een dunne wand opgetrokken. Daarachter werd de voorlopige repetitieruimte ingericht voor een pianist die dagelijks ter plekke een stuk van de componist Bunita Markus instudeerde voor een cd-opname. Ook *Hello*

Money Security Truck, 1998
Tatjana Doll
Lakverf op doek – 200 x 600 x m (2 delen)
Installatiezicht Stockkamstrasse, Düsseldorf (1998)

Bunita Markus is een spel van verblinding en *fade-out* — het geluid is alleen hoorbaar vanachter de dunne wand, en net als *Out of the Blue* is er een toevalligheid in het spel die de standvastigheid van elke interpretatie wankel maakt. Zowel *Out of the Blue* als *Hello Bunita Markus* vormen een omkering van de subject/object relaties binnen het domein van het esthetische, om zich te richten op een decentralisering van het subject door visuele en auditieve verblinding, omgekeerd aan de iconische aanpak bij Tatjana Doll.
Valt er uit die voorlopige opstelling een *politics of representation* te deduceren? Met *12 Historical Objects* opent *Healing* met een museum van de twintigste eeuw.

Daarin komt duidelijk de structuur van de Westerse kunstwereld naar voor: de Westerse invulling van het begrip verzamelen en het voor centraal genomen bondgenootschap tussen objecten en betekenissen. De schijnbaar lukrake ordening doet evenwel afbreuk aan het museale ordeningsprincipe als weerspiegeling van een Westers kennismodel. In die optiek volgt het museum van Guillaume Bijl met diens geijkte voorstellingsmechanismen eerder de logica van de *third space* zelf — die volgens literatuur- en cultuurtheoreticus Homi K. Bhaba '[establishes] the conditions of enunciation that ensure that the meaning and symbols of culture have no primordial unity or fixity; that even the same signs can be appropriated, translated, rehistoricized and read anew'.[4] *Healing* is in tegenstelling tot Bhaba niet op zoek naar de overlapping van ideologisch schijnbaar geïsoleerde culturele dispositieven als verzetsmodel van een posthistorisch era. In een ultieme toeëigening weerspiegelt *12 Historical Objects* het model van de *third space* zelf, om het op die manier te historiseren en het van diens geëigende utopisch/ideologische aspiraties te ontdoen, met andere woorden het valt van bij aanvang samen met het Westerse instituut van de kunst en de spelregels van die symbolische orde. Binnen dat kader verschuift het werk van Mikhailov en Slominski de aandacht van een onderzoek naar de grenzen van het instituut kunst, naar een vraag die de publieke/inhoudelijke functie van dat instituut eerder dan diens omtrek aanbelangt om niet slechts in een tautologie van functies zichzelf te representeren. *Healing* lokaliseert met *12 Historical Objects* het trauma dat aan de basis van het hybride ligt en beperkt diens kritisch potentieel tot het midden van die tekens en symbolen waar het uit put, dit is het instituut van de kunst. *Healing* simuleert het verzamelen van al die elementen op basis waarvan een collectief geheugen en de verschuivingen daarbinnen zouden kunnen wedersamengesteld worden en richt zich daarin op een complexloze omgang met de eigen historiciteit, die niet gericht is op de uitsluitingsmechanismen die actief zijn binnen het instituut, maar op de meer substantiële functies van een geheugen zelf, om net daarin als hoogst problematisch beeld te verschijnen. Verderop zal die omgang verbonden worden met een begrip als auto-exotisme om de inzet van een authenticiteitsdebat zelf te verleggen. Ook voor het discours van de *third space* zouden de inzetten elders moeten liggen dan in een door deconstructie gelegitimeerde toegang tot het veld van de simulacra. In die zin is de hybride voorstelling alleen maar een uitvergroting van een Westers kennismodel en is het intentioneel in een tautologie op zichzelf gericht. De functie van het beeld zelf in een discours rond globalisering is al vaker verbonden met een heromschrijving van de auteursfunctie en van de receptie binnen dat territorium, maar leidde van daaruit niet tot een kritische herdefinitie van het beeld zelf om eerder een nieuw iconoclasme in te luiden in een oneindig nomadisme van beelden en betekenissen. Het beeld zelf in de conditie van de *third space* is als een intermediair projectiescherm niet langer inwisselbaar voor betekenis, des te meer voor diens maker.

Het lijkt behulpzaam hier even verder op in te gaan om zo helder mogelijk de belangen die hierin spelen op een rij te zetten. Op een debat naar aanleiding van Berlijn editie van het *Documenta 11* platform werd Bhaba uitgenodigd voor een publieke conference. Bhaba hield via videolink een uitgebreide monoloog over hybriditeit, het concept van de *third space*, de *subaltern*, het uitbannen van verticaal denken enz. Onvermijdelijk zonk de avond aan het einde van de septembermaand hoe langer hoe verder weg in een opeenvolging van persoonlijke interpretaties van wat anders dan de gebeurtenissen van 11 september 2001. De avond

bereike een hoogtepunt toen Bhaba in volle kritiek op de 24 op 24 uur doorgaande mediaverslaggeving van de gebeurtenissen door de Amerikaanse televisie niet tot een besef kwam van het feit dat deze zelf onderdeel was geworden van die onophoudelijke informatie- en opiniestroom. In relatie tot diens gepatenteerd denkkader viel het Bhaba ook hoe langer hoe moeilijker om de aanvallen van 11 september anders te interpreteren dan als een fundamentele aanslag op de fundamenten van de

The Big Four Oh, 1988
Adrain Piper
Video
Installatiezicht *The Big Show: Healing*,
NICC Antwerpen (2001)

Westerse democratie. Daargelaten of die lezing van de feiten correct, te nuanceren, of verwerpelijk is, moet de vraag gesteld worden of de 'dramatische gebeurtenissen' niet in de eerste plaats vertaald kunnen worden naar een hybride gegeven dat meerdere lezingen voortbrengt of moet mogelijk maken, als er al een aanvang gemaakt moet worden met een herdefinitie van het begrip democratie en de verschillende manifestaties of invullingen daarvan in een niet hierarchisch model (de *third*

space). Het ogenblik waarop de tentoonstelling hoe langer hoe meer wegdrijft van het moment zelf naar een discursief, semi-politiek platform, worden het beeld en de tentoonstelling als media — volgens zo'n discours — minder en minder betrouwbaar op het vlak van hun medeplichtigheid aan massatoerisme, de amusementsindustrie of om uitgesproken medeplichtigheid met ideologisch exclusieve modellen. De functies van kunst binnen dat spectrum zijn beperkt tot een metaforische illustratie die secundair van aard is. De discursieve politisering van de tentoonstelling (diens instrumentalisering als semi-politiek platform) gaat gepaard met een radicale depolitisering van de kunst zelf als medium, waar het politieke paradoxalerwijze gereserveerd wordt tot discursieve actie. Met die stand van zaken zou men geneigd zijn te besluiten dat er geen rol voor kunst is weggelegd, binnen een conceptueel kader voor een tentoonstelling tenzij dan door de tentoonstelling als denkplatform te helpen om zelf een kunstwerk te worden. Op dit punt zou de tentoonstelling, in diens zoektocht naar *cultural knowledges* geneigd en gelegitimeerd kunnen zijn om in een laatste beweging het kunstwerk zelf achterwege te laten in een poging om op zichzelf meer transparante kennis te worden. Bhaba *beamed up through space* daalde in Berlijn neer als onderdeel van een geënsceneerde werkelijkheid waarvan niemand volledig wenst te onderkennen dat het niet de vraag is naar hoe men daaruit ontsnapt — we bevinden ons middenin die werkelijkheid — maar eerder hoe deze kan omgevormd worden met artistieke strategieën en vice versa.

Een bezoek aan een Turks restaurant liet toe de gedachtencirkel rond te trekken. Op de menukaart stond het volgende: Hebt u klachten, kom dan naar ons, was u tevreden vertel het dan verder. In het geval van de Turkse restauranthouder is dergelijk protectionisme begrijpelijk. In het geval van een grootschalige tentoonstelling die zichzelf voorstelt als een hernieuwd platform voor de verzameling en ontwikkeling van kritische ideeën liggen de verhoudingen anders, niet in het minst omdat de tentoonstelling zelf ontwikkelt naar analogie van een mediamaatschappij, dit is, ze is bij machte zich alles toe te eigenen en het in te schrijven in diens enunciatief potentieel. In dit geval is er een merkwaardige parallel tussen de voorwaarden van de *third space* en de mediamaatschappij, een parallel die verantwoordelijk is voor een verschuiving in de verhoudingen van kritisch denken en verzetsstrategieën, die terug in het kunstwerk zelf gelokaliseerd worden. Het zal namelijk een kritische partij moeten worden in en tegenover de context van de tentoonstelling waarin het getoond wordt, met het risico uit te monden in loutere tautologie of redundante tekstualiteit. Een onderzoek naar de mechanismen die eraan ten grondslag liggen zou moeten voeren over de structuur van de aktuele kunsttentoonstelling, de manier waarop ze verbonden is met nieuwe vormen van kapitaal, met stedebouwkundige impulsen, en meer algemeen met een

Edge of a Wood, 1999
Rodney Graham
Installatie: video en geluidsband
Video omgezet naar DVD – 8-min. loop
Courtesy Donald Young Gallery, Chicago

maatschappelijk relevante *performative value* van kunst en een democratisering van de verbeelding, maar misschien moet ze vooral een onderzoek zijn naar de weigering om binnen dergelijk kader te opereren (dit is om zich intentioneel daarnaar te schikken) om een al op voorhand geïnstitutionaliseerd beeld te ontlopen.

SYMPATHY FOR THE DEVIL

Adrian Pipers *The Big Four Oh* een video naar aanleiding van Pipers veertigste verjaardag, toont Piper dansend, met de rug

Still uit *Passage to the North*, 1981
Lawrence Weiner
16-mm film omgezet naar video, 16 min

naar een denkbeeldige toeschouwer. De video legt — sterk in de lijn van Pipers vroege performances in de straten van New York — de nadruk op ontoegankelijkheid en afstand. Door een actief spel van verleiding aan te gaan met de toeschouwer introduceert Piper een libidinaal element om op die manier alteriteit met een verlangensstructuur te verbinden. *The Big Four Oh* verschuift ons perspectief op de installatie van Bijl van een institutioneel commentaar naar de ontsluiting van een complexe verlangensstructuur waarbij het subject/object verschijnt als fetisj voor een afwezige (ontoegankelijke) cultuur.
In het verlengde van Pipers video werd een installatie opgebouwd door Ade Darmawan. Voor diens presentatie in het NICC reconstrueerde de Indonesische kunstenaar een trash-installatie met een ijskast, een bureautafel en drie taarten waarop met slagroom de woorden 'yes we are' werden aangebracht. Op de muur en overlopend op de vloer werd in zilveren spuitlak een groot hart gespoten met daarin de letters 'THANKS'. De bezoekers aan het project kunnen de taart aansnijden maar moeten zich een weg banen door een veld van fluorescerende gelei op de grond om aan het bureau in de opengetrokken

laden een hamer en scheermesjes opgezet in dezelfde gelei aan te treffen. 'Thanks' slaat als uitdrukking op een passieve betrokkenheid, die zich net als Piper — schijnbaar gratuit — aanbiedt in een scopisch (Piper) en semiotisch (Darmawan) veld. Zowel *THANX* als *The Big Four Oh* hebben alle kenmerken van het vergiftigd geschenk, dat de bal terugwerpt in het kamp van de beschouwer. De relaties van kijken en bekeken, spreken en gesproken worden, bewijzen inwisselbaar te worden door zich complementair te gedragen in een wederzijdse decentralisering van het subject. Zowel het werk van Piper als dat van Darmawan is opgebouwd vanuit een activisme, dat sterk bepaald wordt door de stedelijke context waarin het zich situeert. *Healing* maakt abstractie van die specifieke context door beiden op te nemen in een overkoepelend veld van verlangens en identificaties in een verbeelding van het globale en dwingt op die manier het voyeurisme van

We Mourn Our Loss #2, 1997
Kerry James Marshall
Acryl en glitter op MDF paneel – 122 x 91 cm
Courtesy Jack Shainman Gallery, New York

het lokale naar de achtergrond.[5] Beide werken reduceren zichzelf tot pars pro toto, waarbij de fragmentarische voorstelling —

in tegenstelling tot de mimesis bij Stan Douglas — betrokken wordt op een niet langer falend representatiemechanisme, wanneer het vertrekt van de groteske uitbeelding van het culturele stereotype.

Adrian Pipers modeltoeschouwer treffen we aan in Lawrence Weiners *Passage to the North* een zestien minuten lange 16-millimeter filmopname overgezet op video uit 1981. Het complexe script van *Passage to the North* kan als volgt samengevat worden: een groep mensen besluit naar het noorden te trekken. In beeld figureren een groep volwassenen die zich ophouden in een aantal kamers van een verwarmd vertrek — iedereen staat op het punt te vertrekken. Het acteerwerk is beperkt en de tekst bestaat uit korte en langer gedeclameerde aforismen over ondermeer 'het noorden'. Nu en dan wordt de montage onderbroken door stilstaande beelden van een smeulend scheepswrak op een kustlijn. In het script van *Passage to the North* sluipen onverwachte verschuivingen van de index: Hij of zij worden nu en dan verwisseld, af en toe wordt de mannelijke persoon aangesproken met Mary om onder de oppervlaktelaag van het beeld het begrip identiteit aan het wankelen te brengen. De reis die in *Passage to the North* nooit wordt aangevat, voltrekt zich binnenin als een verkenning van de talige definitie van het ik. *Passage to the North* en Adrian Pipers *The Big Four Oh* staan in een chiasme tegenover elkaar. Beide werken staan op een tegengestelde as vanwaaruit pijlen vertrekken diagonaal naar de afwezige tegenstelling van de andere pool. *Passage to the North* snijdt op diens eigen as met een interieurbeeld de elliptische verbeelding van het geografische aan.
Het landschap zelf doet zijn intrede in het werk van Karin Hanssen. De taferelen van uitgestrekte landschappen worden in de meeste gevallen doorbroken door een passieve menselijke aanwezigheid. Een groep

van drie volwassenen staart over een wijds uitgestrekt meer, twee vrouwen werpen rug aan rug een blik over een heuveltop. Beide werken maken deel uit van de groep *Scenes* (1998–2000). Hanssens werk zou in

Modern Living, 1998–2000
Karin Hanssen
Potlood op papier – 7,5 x 13 cm

eerste instantie de uitdrukking kunnen zijn van zoiets als vrije tijd op een manier die onverhuld referenties wakkermaakt aan Edward Hopper. Hanssens tekeningen bieden daartegenover een ander licht op de verstilde namiddagzon van *Scenes*. *Modern Living* is een reeks werken op papier uit dezelfde periode waarin de luminositeit van de reeks schilderijen wordt afgezwakt. Wat nog rest aan romantiek in *Scenes* wordt ter plekke ingeruild voor een minimale vorm van suspense. Het gekleurde beeld (Hanssens schilderijen zijn in haast alle gevallen gebaseerd op oude kleurfoto's) wordt verstard tot een mentale still. *Modern Living* zou de ongedrukte keerzijde kunnen vormen van Kerry James Marshalls *Rythm Mastr*, in een minder groteske uitbeelding van het vervlogen dagelijkse comfort van een overwegend blanke samenleving. Meer evenwel dan door Marshalls protagonisten in het vizier gevoerd te worden is de wereld die in *Modern Living* verschijnt op zich eenzelfde toeëigening van een nabij verleden — waarop bij Marshall de erfrechten vervielen — zonder in het formalisme van een revival te vervallen, zonder tot een restloze identificatie te voeren. Hanssen introduceert net als Marshall wat met het begrip

auto-exotisme kan aangeduid worden, niet als vrijblijvende hercontextualisering van *signs and symbols*, maar om de onafwendbare confrontatie met de eigen historiciteit te problematiseren. Het subject wordt in de verleiding gebracht om in de mimetische rol van medeplichtige te treden met een niet zo ver verwijderd verleden.

Ook in het werk *Edge of a Wood* van de Canadees Rodney Graham verschijnt een landschapsbeeld in een voor de achteloze kijker uitgespannen valstrik. *Edge of a Wood* gaat terug op twee oudere werken — *Illuminated Ravine* uit 1979 en *Two Generators* uit 1984. Op twee schermen wordt synchroon een nachtelijk beeld van een bosrand geprojecteerd. De acht minuten lange projectie begint in volle duisternis en stilte tot het langzaam aanheffende lawaai van een helikopter hoorbaar wordt. De helikopter komt steeds naderbij en werpt een helle stralenbundel op het bos. Het van links naar rechts heen en weer bewegen van de schijnwerper maakt dat geen coherent beeld kan ontwaard worden

Cambrian Period, 1992
Hiroshi Sugimoto
Zwartwitfoto – 41 x 51 cm
Courtesy Sonnabend Gallery, New York

en alleen maar losse fragmenten geïsoleerd zichtbaar zijn. Zoals *Illuminated Ravine* en *Two Generators* handelt ook *Edge of a Wood* over een conflict tussen subject en object, tussen natuur en cultuur. Een beschavingselement treedt in die drie projecten op als een technisch opgewekte belichting, die tegelijk ook een agressieve ingreep in een anders rustige harmonie teweegbrengt. Het opdringerige geluid van de helikopter en de felle belichting waardoor geen coherent beeld kan waargenomen worden, veroorzaken een moment van irritatie en desoriëntering. De aan Freud reminiscente fragmentatie van het beeld wordt bij Graham rechtstreeks betrokken op het kijkende subject.

Carpet, 2000 (detail)
Katarzyna Józefowicz
Knipsels uit kranten en tijdschriften – 200 x 150 x 5 cm
Courtesy Foksal Gallery, Warshaw

In 1992 realiseerde de Japanse fotograaf Hiroshi Sugimoto een reeks landschapsbeelden die verwant zijn met Grahams subject/ object relaties. Sugimoto's zwart-wit opnames van reconstructies van prehistorische landschappen in natuurhistorische musea zweven op de rand van het gemanipuleerde beeld. De decors waarin een keure prehistorische land- en waterdieren optreden zijn gelaagd: op het voorplan werden zij nagebouwd, in de verre achtergrond werd de verderzetting van het landschap geschilderd. Hun neerslag in het werk van Sugimoto resulteert in een fotografische reductie van een atmosferisch perspectief. Meer dan accurate reconstructies zijn de beelden die Sugimoto reproduceerde vruchtbare kruisbestuivingen tussen poëzie en wetenschap, de schijnbare keerzijde van Rousseau's ongereptheid die resulteert uit een vraag naar een ontstaansverhaal vanuit een utopische projectie op het verleden.

Een vergelijkbare mengvorm van poëzie en wetenschap treffen we aan in een reeks schilderijen van Tshibumba Kanda Matulu. Eind jaren 1960 vatte de schilder een serie werken aan in opdracht van Belgisch antropoloog Eduard Vincke. De werken behandelen uiteenlopende thema's als bijzondere geboortes en bijzondere maatschappelijke posities van het individu op basis van geboorte en voortekenen. Een van de getoonde werken is een afbeelding van *une personne nsaka mwabi*, een medisch portret — kleiner dan ware grootte — van een zeldzaam type albino met op de achtergrond een landschapstafereel. Andere werken tonen de concrete maatschappelijke beperkingen die worden opgelegd: het albino-kind mag niet van de aubergineplant eten; de laatstgeborene van een drieling mag niet aan het vuur zitten. Zowel het werk van Sugimoto als dat van Tshibumba wordt opgebouwd vanuit een diagnostische perspectief. Beide beeldgroepen vatten post op afstand met een analytische blik en dit op meerdere niveaus. Op het niveau van de communicatie en identiteit wordt vanuit geen enkel beeld contact gelegd met de beschouwer: *nsaka mwabi* kijkt zijn beschouwer steeds langszij, de twee taferelen van dagelijkse situaties zijn op zichzelf besloten in een beeld dat zich reveleert als vanachter een opengetrokken gordijn. Het exotische en het historische reveleren zich als een schokkende diagnostiek van twee samenlevingen: die van de kijker en die van geportretteerde.

Het diagnostisch perspectief in Sugimoto en Tshibumba wordt onmogelijk gemaakt in het werk van Gert Robijns wanneer kijker en bekekene op gelijke hoogte worden geplaatst om wat nog rest aan voyeurisme te laten uitmonden in een vorm van elementaire interactiviteit.

Voor een tentoonstelling in Gent filmde de Belgische kunstenaar een appartement.[6] De 16-millimeter opname werd op reële grootte geprojecteerd op diens deuropeningen en wanden. Tussen de kamers hangen projectieschermen, verknipt tot vliegengordijnen. Af en toe wandelt een bewoner van de ene kamer naar de andere. De ruimte die zo tot leven komt is geen reconstructie noch magisch scenario, maar een picturale dubbelganger waarvan elk detail door het mechanisch filmtransport instabiel wordt. Het geheel is ongrijpbaar en voltrekt zich in vertraging als een souvenir. *Dicht* betrekt het filmische op een onmogelijk voyeurisme door het op ware grootte in de private leefwereld te situeren. Het spel van verdubbeling dat Robijns aangaat met de werkelijkheid, is al in aanzet aanwezig in een reeks

We Should Meet Where There Is No Darkness, 1999
Isaac Carlos
Installatie: video met geluidsband
Installatiezicht *The Big Show: Healing*,
NICC Antwerpen (2001)

vroegere werken. *Kwallen* is een installatie uit 1998 waarin het op en neergaan van kwallen wordt geïmiteerd met plastic zakken en luchtpompen in een aantal met water gevulde olievaten. Het nog vroegere *Mayday-Mayday* is een groot waterbassin waarin een door een elektromotor aangedreven bootje vanuit een centraal geplaatste as van stroom voorzien wordt. Het vaartuig kan alleen maar een cirkelvormige baan rond diens voedingsbron beschrijven. *Mayday-Mayday* belast de bezoeker met de taak van observator. Een zekere frustratie maakt echter snel opwachting om voor het hypnotische plezier van een in vrijheid beperkte beweging in de plaats te treden.

De minimale bewegingsvrijheid wordt helemaal beperkt in het werk van de Poolse Katarzyna Józefowicz waarin de kunst op het geïsoleerde en het gedomesticeerde betrokken wordt. De met papierknipsels samengestelde tapijten vormen het residu van een media-cultuur. *Carpet* is een zwart-wit tapijt opgemaakt uit duizenden krantenknipsels, vastgelijmd op ribkartonnen stroken. De nauwgezetheid waarmee elk fragment, gelaat of lichaam werd overgebracht op het onoverzichtelijke geheel staat in schril contrast tot de oorsprong en levensduur van het verwerkte materiaal: kranten en tijdschriften. *Carpet* verhoudt zich net als het eerdere *Cities* tot het architecturale als habitat. Het tapijt is de minimale definitie van het interieur, en creëert de ruimte voor menselijke convivialiteit op schaal van het huis.

Het domesticale in relatie tot een thema als globalisering wordt radicaal psychologisch geïnvesteerd met Carla Arocha's referenties aan de formele kunst uit Latijns-Amerika. Arocha's schilderijen en installaties staan voorbij een Latijns-Amerikaanse traditie van verzoening van het functionele met het decoratieve als grondslag van een utopisch project. In het geval van *Spacious House* werd daaraan een politieke connotatie verbonden. De voorstelling van een grote paraplu met camouflagemotief biedt naast een verwijzing naar de huidige politieke verwikkelingen in Venezuela ook toegang tot de plaatsing van het lichaam in een libidinaal tekensysteem. Eerdere werken van Arocha stonden vanuit de mode en de camouflerende/semiotische functie van het patroon als scherm opgetrokken in een complementerende subject/object relatie, vergelijkbaar met de manier waarop Piper het lichaam uitspeelt in *The Big Four Oh*.

Het inwisselbare rollenpatroon tussen kijker en de gemaskeerde voorstelling van een sociale of psycho-sexuele werkelijkheid, wordt in het werk van Isaac Carlos ingeruild voor een monoloog. In een witte kamer steekt een vleugelpunt uit de muur. De vloer is bedekt met polystyreenkorrels, die tot enkelhoogte een doorwaadbare laag vormen. De uitgestrektheid van het landschap is gereduceerd tot de afmetingen van een vertrek maar strekt daarin oneindig uit in witte overstraling. Of men op sneeuw of wolken loopt, is onduidelijk, maar de opgehangen waarneming wordt in *Navigation* verbonden met een verblinding die terugslaat op het geheel van de tentoonstelling. *Navigation* bevindt zich in een vacuüm waaruit alle geluid verdwijnt door de dicht gestapelde massa op de vloer. Het is deze ruimte die onder invloed van een magnetisme van betekenissen en fricties van *Healing* wegzweeft en ze als totaliteit in zich opzuigt. *Navigation* is de scène waarop wat zich zou kunnen voltrekken niet werd uitgeschreven. Eén mogelijk script wordt aangeboden in *We Should Meet Where There Is No Darkness*: Een groot videoscherm staat centraal achteraan in de ruimte opgesteld. Water loopt van bovenaf over het scherm en twee ruitenwissers vegen water én geprojecteerde beelden van celdelingen, ruimtekoppelingen, fauna en flora en een voorbijzwevend passagiersvliegtuig weg. Een dunne laag water verzamelt zich op de vloer onder het beeld en weerspiegelt de projectie in het donker. Carlos' werk is een radicaal statement. Het object van een onbewuste blikrichting wordt uitgeveegd, het is zoals in het werk van Piper niet zelf verantwoordelijk voor diens verschijnen en verdwijnen, en dient zich aan als het onderbewuste van een cultureel kennismodel. De immer falende representatie van een oppositie tussen cultuur en natuur, subject en object, ratio en verlangens, treedt in relatie tot de menselijke vooruitgang.

Betontapete tenslotte is een muurwerk van Gesine Grundmann waarin het fragmentarisch waargenomen beeld volledig verdwijnt; één wand van de tentoonstellingsruimte is met betonimitatiebehang beplakt. Het werk van Grundmann is een onderzoek naar mimicrie en camouflage, eerder doken al camouflagemotieven op tussen wand en vloer geplooide schilderijen, en in schuilhokjes die in de tentoonstellingszalen verdeeld werden. Grundmanns teruggetrokken bijdrage lijkt dit motief tot een uiterste verder door te voeren — het werk is volledig geïntegreerd in de ruimte en valt volledig samen met het muuroppervlak — is er als het ware de betonnen dubbelganger van — brengt een verkilling en een verkorting van de ruimte mee. Het werk van Tshibumba en Sugimoto dat in een aangrenzend vertrek werd samengebracht, wordt met *Betontapete* ondubbelzinnig betrokken op de befaamde vierde wand die wisselend zichzelf, en wat zich daarachter bevindt onzichtbaar maakt.

Binnen dit uitgestrekt territorium van de tentoonstelling werd nadrukkelijk geen tegenstelling opgezocht tussen het dissidente en het medeplichtige om ze als complementaire termen op te zoeken. Waar ze toch opduiken, werden ze in de eerste plaats als abstracties opgezocht. *Healing* simuleert het verzamelen van alle elementen op basis waarvan een collectief geheugen zou kunnen wedersamengesteld worden zonder van daaruit tot geldige uitspraken te voeren. In die zin is de tentoonstelling gedoemd een geperverteerde vraagstelling te blijven aan de dilemma's die aan de basis liggen van de huidige schaalveranderingen van het politiek, economisch en cultureel denken. Tegenover een *in your face mentality*, biedt *Healing* een onderhuidse voorstelling die tracht scherp te stellen op wat — vergelijk met W. Eugene Smith — altijd uit beeld verdwijnt, om de affirmatie te ontlopen van een reeds geïnstitutionaliseerd beeld. Tegenover de commodificatie van het begrip identiteit bouwt *Healing* een drempel in, niet door het te hybridiseren omdat het daardoor diens eigen commodificatie versnelt, dit is, het verschaft zich toegang tot de orde van de simulacra door niet langer authentiek te zijn, maar door het te verbinden met het diagnostische, met het perverse,

om het als centrale inzet van een aantal culturele traumata te laten verschijnen. *Healing*
slaat wisselend op de falende identificatie met
het eigen verleden en de medeplichtigheid
daaraan die de drang naar identificatie aan-
wakkert. *Healing* spoort die breuklijnen op die
een identificatie in de weg staan en waar ze als
pervers genoegen die vereenzelviging uitlokt.
Healing werd opgebouwd om, vanuit een in
tijd en ruimte beperkte samenplaatsing van
werken en artistieke attitudes, inhoudelijke
uitspraken naar voren te schuiven over
cultuurpolitieke parallellen, meer bepaald
over het onlosmakelijke verbond tussen culturele *Wiedergutmachung* en commodificatie, het wereldtoneel en de appropriëring van
culturele stereotypes in een economie van
verlangens en simulaties vandaag en de
manieren waarop het culturele platform daarin eerder een doorslaggevende rol speelt als
territorium waarin die verbeelding zich kan
ontwikkelen. *Healing* kan op schaal van het
NICC meer zijn dan alleen maar de aanzet
van een nader te voeren onderzoek. De open
precisie en de bewuste beperking van de
context zijn het bewuste resultaat van een
zoektocht naar een bevattelijke herdefiniëring
van het medium van de tentoonstelling en de
manier waarop ze aan maatschappelijke relevantie kan winnen zonder daarbij — Marshall
McLuhan indachtig — de boodschap tot een
medium en het medium tot een boodschap
te herleiden. *Healing* verkiest beide aan de
werkelijkheid en diens verbeelding zelf over
te leveren.

1.
Mike Davis, *City of Quartz: Excavating the Future in Los Angeles*
(Londen, 1990).

2.
De schijven werden door Duchamp voor het eerst voorgesteld op 30
augustus 1935 ter gelegenheid van het 33ste Concours Lepine, een
uitvinderssalon bij het Parijse Parc des Expositions. Duchamp huur-
de er een kleine stand van drie vierkante meter, gang F, stand 147
en kreeg een eerbiedwaardige vermelding van het beurscomité in de
categorie industrieel ontwerp.

3.
Boris Mikhailov, *Case History* (Zurich, 1999) 5.

4.
Homi K. Bhaba, *The Location of Culture* (Londen, 1994).

5.
Een gelijkaardig model werd uitgewerkt door Philippe Pirotte voor de
tentoonstelling *objectif[CAMOUFLAGE]*, 11 december 2001 –
27 januari 2002, camouflage.art.politics, Brussel.

6.
Het werk werd geconcipieerd voor de tentoonstelling *Over the Edges*,
1 april – 30 juni 2000, S.M.A.K. en verschillende locaties in Gent.

DEMONSTRATION ROOM IDEAL HOUSE

De tentoonstellingspraktijk en het kunstwerk in het tijdperk van de revolutie

Julieta Elena González

Modern art is not only the child of the age of critique but it is also its own critique.
Octavio Paz, *Children of the Mire*

Werkend vanuit de periferie vragen ten-toonstellingsmakers zichzelf regelmatig af tot waar hun mediërende rol op het vlak van cultuur reikt. Wanneer we werken aan een thema voor een tentoonstelling zijn we vaak verwikkeld in een tweestrijd: kiezen voor de lokale culturele context — wat impliceert dat onderwerpen worden behandeld die herkenbaar zijn voor het lokale publiek en bovendien de keuze beperken tot lokale

Penetrable Diorama with Exotic Landscape, 2001
Mauricio Lupini
Volumes van *National Geographic*
Installatiezicht *The Big Show: Demonstration Room: Ideal House*, NICC Antwerpen (2001)

kunstenaars — of kiezen voor meer 'univer-sele' thema's die hoewel niet geheel vreemd binnen ons kunstbegrip of onze culturele geschiedenis, niet duidelijk her-

kenbaar zijn op deze manier en vaker dan niet door lokale critici begrepen worden als 'geïmporteerd', en elders waargenomen worden als 'culturele toeëigening'.

Demonstration Room: Ideal House werd door Jesus Fuenmayor en mezelf geconci-pieerd uitgaande van de relevantie die deze onderwerpen hebben in onze geografische context en met het idee dat deze binnen andere contexten van betekenis zouden kunnen zijn: de tentoonstelling ontstond uit de nood om bepaalde culturele specifiteiten te behandelen en om via een kritische aan-pak tot een vergelijk te komen met onze moderniteit.

Op een moment waarop Venezuela belang-rijke en misschien zelfs potentieel gevaar-lijke culturele veranderingen doormaakt als onderdeel van een meer overkoepelende revolutie, voelden we de noodzaak om de situatie te analyseren vanuit onze positie als curator door bepaalde thema's te her-onderzoeken die schijnbaar heropduiken in het discours zoals dit in aanzet aanwezig is in de huidige machtsstructuren. Gedurende de korte revolutionaire periode — twee jaar — veranderde Venezuela van naam (Republica Bolivariana de Venezuela). Die verandering betekent een invraagstelling en een bevestiging van onze identiteit, niet enkel in de zin van territorium, maar ook op cultureel vlak — de naam Bolivar is zowat synoniem voor revolutie in Zuid-Amerika (in het bijzonder de grondstellingen van de Franse revolutie en de Amerikaanse onaf-hankelijkheidsoorlog).

Met betrekking tot onze culturele productie, in het bijzonder op het vlak van de beel-dende kunst, is het ook paradoxaal genoeg een tijdvak waarin we opnieuw in het reine komen met onze moderne identiteit, nu de culturele hegemonie zichzelf gemani-festeerd en gelegitimeerd heeft. Toch zijn enige vragen geboden in dit bestek. Zijn we

Installatiezicht *The Big Show: Demonstration Room: Ideal House*, NICC Antwerpen (2001)

al afdoende tot een vergelijk gekomen met onze moderniteit, met ideeën zoals avant-garde, utopie of constructivisme, om ze op adequate manier in te passen in ons cultuur-dynamisme, in de manier waarop onze musea functioneren met betrekking tot het culturele discours dat ze vooropstellen en uitdragen? Grootschalige overzichtstentoon-stellingen van belangrijke maar intussen overleden kunstenaars dragen ongetwijfeld bij tot die revaluatie van onze moderniteit. Desalniettemin, in het geval van deze speci-fieke tentoonstelling leek het noodzakelijk een aantal *issues* aan te kaarten die het modernisme eerder beschouwen als een ver-zameling ideologieën (bijvoorbeeld de hoger genoemde revolutie, avant-garde, utopie en het idee van het *Gesamtkunstwerk*). Ons doel was deze thema's op te nemen in een tentoonstelling als elementen die onlosmake-lijk verbonden zijn met onze activiteit als ten-toonstellingsmakers, maar steeds vanuit het standpunt van de hedendaagse kunst en gecontextualiseerd in termen van het legaat van het modernisme in Latijns-Amerika.

Venezuela ondergaat op dit moment wat niet zonder enige ironie als een bolsjewieke fase gekenschetst kan worden; wanneer alle ironie daarin opzij geschoven wordt, betekent dit een moment van verandering of revolutie. We maken onmiskenbaar een hele reeks veranderingen door die, hoewel ze gebukt gaan onder het masker van de revolutie, in het geheel niet revolutionair zijn maar symptomatisch voor andere en misschien gewichtiger problemen. Deze stand van zaken leidde ons tot een reflectie over de culturele veranderingen die daarmee samengaan en tot een reflectie over de premature en pamflettaire terugkeer van een Marxistisch-Leninistische ideologie in het overheidsdiscours. Desalniettemin heeft de terugkeer van deze ideologieën tot een utopische trendbreuk geleid in alle

Installatiezicht *The Big Show: Demonstration Room: Ideal House*, NICC Antwerpen (2001)

staatszaken, van urbane planning tot culturele politiek. Het leek ons boeiend om een tentoonstelling op te bouwen die dit utopisch reveil zou aanbelangen en het originele bolsjewieke moment zou opzoeken dat nu als voorbeeld dient om Venezuela door een revolutionair parcours te loodsen.

DEMONSTRATION ROOM

In die zin, en misschien ook als een manier om de kritische activiteit die in Venezuela zo goed als verdwenen is nieuw leven in te blazen, werd een keuze gemaakt voor El Lissitzky's *Demonstration Room* als uitgangspunt voor een tentoonstelling over utopische momenten en hun implicaties; El Lissitzky's model fungeert als voorbeeld

van hoe utopische aspiraties concreet vorm hebben gekregen.
Belangrijker nog — los van onze wens om een bepaalde ideologische fase uit de twintigste-eeuwse geschiedenis op te roepen — bewijst de keuze voor El Lissitzky's Demonstration Room als model meer dan ooit, mijns inziens, van belang te zijn voor de noden van de hedendaagse kunst. In zijn poging om de reikwijdte van het schilderij te vergroten van de picturale ruimte naar de eigenlijke tentoonstellingsruimte, ontwierp El Lissitzky de *Proun Room*, die tegelijkertijd schilderij, sculptuur en tentoonstellingsruimte was. Door het constructivisme in een bredere context te beschouwen — het feit dat deze nieuwe constructivistische kunst nieuwe presentatievormen vroeg — kwam Lissitzky tot een meer complexe variant: de Demonstration Room — de eerste werd tentoongesteld in Dresden in 1926, een tweede, op vraag van Alexander Dorner, in Hannover in 1928. De Demonstration Room was conceptueel verwant aan het *Gesamtkunstwerk*, een totaalkunstwerk, maar met dit verschil dat de Demonstration Room werk en ruimte op één niveau plaatste. Dit is een van de meest interessante aspecten van de Demonstration Room, aangezien bij de verschuiving van het optische naar het haptische El Lissitzky substantiële veranderingen teweegbracht in de manier waarop tentoonstellingen georganiseerd en vormgegeven werden. De veranderingen die El Lissitzky doorvoerde zijn niet alleen van een visuele orde, maar hadden een enorme weerslag op de toenmalige institutionele praktijk. Benjamin Buchloh, die meerdere essays wijdde aan de ideologische implicaties van de Demonstration Room, haalt *contigency* en *specificity* aan als de belangrijkste ontwerpeigenschappen in de eerste en tweede Demonstration Room.[1] De bepaling van de bezoekerservaring door de verschillende eigenschappen van het ontwerp (verplaatsbare wanden en reliëfstructuren die ver-

kleurden afhankelijk van de positie van de toeschouwer) vormde een belangrijke verschuiving ten aanzien van eerdere vooringenomendheden omtrent de universele en autonome leesbaarheid van het esthetisch

Acerca de la construccion de la verdeadera Torre de Babel, 1996
Carlos Garaicoa
Zwartwitfoto (45 x 61 cm)

product buiten de daartoe geëigende presentatie- en receptievoorwaarden. De betekenis van het werk werd afhankelijk van de presentatie zelf, om zo het belang van het tentoonstellings*format* als een schakel in het ontstaan van betekenissen te onderkennen, en de ruimte niet langer als een vanzelfsprekende set van regels en afspraken te zien. Belangrijker nog, is Buchloh's stelling dat 'de schilderijen en sculpturen

1968 Scale Model, 2000
Paul Ramirez-Jonas
Mixed media – 61 cm diameter

die er getoond worden niet langer epifane momenten van sublieme esthetische waarheid of universele geldigheid zijn; ze functioneren eerder als specifieke studieobjecten waarmee de toeschouwer een actief engagement kan aangaan met het oog op een uitwisseling van lezing en betekenissen.' Dat de tentoonstellingsruimte zogenaamde universele paradigma's zou kunnen relativeren, was uitermate belangrijk in onze keuze voor het model van de Demonstration Room. Het idee om als tentoonstellingsmakers vanuit de periferie onderwerpen te behandelen die normaal beschouwd buiten het werkveld vallen van wat gangbaar tot de Zuid-Amerikaanse kunst gerekend wordt — het ontmantelen van de mythe van universaliteit via de tentoonstellingspraktijk zoals door

Thailand Billboard House, 2000
Alicia Framis
Hout, doek, inkjet prints, tekst

El Lissitzky in zijn model voorgesteld — leek ons een ideale weg om onze tentoonstellingspraktijk en -discours te verduidelijken.

Een andere eigenschap van de Demonstration Room betreft het idee om een tentoonstelling te ontwerpen op een manier die bepalend is voor de lezing van de getoonde werken. Een waarbij de ruimte zich in het proces, niet langer instrumenteel gedraagt als een ondersteuning of 'container-space'. In de late jaren 1960 uitten reeds meerdere kunstenaars hun kritiek op deze *container-space*, voornamelijk uit de hoek van het conceptualisme, minimalisme, land-art en de *site-specific* activiteiten. Robert Smithson maakte gewag van een *cultural confinement*

refererend aan een situatie waarin 'de curator zijn eigen grenzen oplegt, eerder dan de kunstenaar vrij te laten diens grenzen te bepalen […] Sommige kunstenaars denken dat ze greep hebben op het apparaat, terwijl dit laatste hen eigenlijk overmeestert. Hierdoor ondersteunen de kunstenaars uiteindelijk de culturele gevangenis, waarover ze geen controle hebben […] Musea, net als opvangtehuizen en gevangenissen, hebben bewakers en cellen, met andere woorden neutrale ruimtes die aangeduid worden als 'galerijen' […] Kunstwerken die in dergelijke ruimten worden bekeken, lijken gebukt te gaan onder esthetische *convalescence*.[2] El Lissitzky was zelf al in aanraking gekomen met de problemen die ontstonden in de confrontatie van traditionele voorstellingswijzen met de nieuwe kunst die op dat moment gemaakt werd. Vandaar misschien dat zijn tentoonstellingsmodel verschillende bezoekerspatronen verenigt, waarbij de toeschouwer niet louter passief aanschouwt (hetgeen ook een soort van esthetische *convalescence* is), maar het kunstwerk ook verplaatst naar een ander actieterrein. Over de Proun Room zegt El Lissitzky dat we 'de ruimte niet langer als een beschilderde doodskist van ons levend lichaam willen'.[3] Belangrijker nog is dat de kritiek op de *container-spaces* die in El Lissitzky's model aanwezig is, het bemiddelingsprobleem van de kunstenaar aangeeft in een transformatie van de tentoonstellingspraktijk (concept en ontwerp). Dit punt is een leidraad voor onze tentoonstelling: de werken bepalen zelf de manier waarop ze tentoongesteld worden en oefenen een merkbare invloed uit op de zichtbaarheid van de tentoonstellingspremisse. Voor de tentoonstelling *Demonstration Room: Ideal House* in het NICC in Antwerpen hebben een aantal kunstenaars — Carla Arocha, Mauricio Lupini, Javier Téllez, Gabriel Kuri en Stefan Bruggemann — werken geconcipieerd die op een duidelijke manier het idee van de Demonstration Room en diens implicaties

aanbelangen. Er wordt hierbij niet enkel gereflecteerd over de tentoonstelling zelf, maar ook over andere werken waardoor kruisbestuivingen ontstaan tussen verschillende werken. In die zin zou men kunnen

Home Sweet Home, 2000
Proyecto Incidental
Fotodocumentatie

stellen dat deze werken op een of andere manier ingrijpen in de tentoonstelling als *curatorial agents*.

IDEAL HOUSE

Uitgaande van de titel van de tentoonstelling en de argumenten die tot die keuze leidden (namelijk een onderzoek naar de thema's utopie en representatie), zijn we uitgegaan van een aantal gedachtenassociaties. Eerst en vooral op het vlak van de semantiek, zoals die onlosmakelijk verbonden is met representatie. Zoals ik voorheen reeds vermeldde, is in het verleden in Venezuela, het woord 'revolutie' te vaak gebruikt en misbruikt. Dit leidde ons tot een onderzoek naar de verschillende betekenissen en het mogelijk verlies aan betekenissen waaraan woorden onderworpen zijn — niet enkel voor het begrip 'revolutie', maar voor woorden in het algemeen. Tevens wilden we nagaan hoe bepaalde representatie(vormen) geconstrueerd kunnen worden door het systematisch gebruik van bepaalde woorden; meer specifiek hoe een idee als 'revolutie' ontstaat door het gebruik van andere woorden als fundering, structuur, infrastructuur en super-structuur. Vele van deze woorden verwijzen naar architectuur, die ook een vaak gebruikte terminologie biedt voor de representatie van het utopische. Op deze manier kan *Demonstration Room: Ideal House* bekeken worden als een onderzoek naar de verschillende invullingen van het begrip 'architectuur'.[4]

Gezien de centrale plaats van het architecturale binnen ons concept, vroegen we de kunstenaars om rond het idee van 'project' te werken en de mogelijkheden die het biedt op

Ideal Painting, 2001
Carla Arocha
Acryl op doek, spiegel – schilderijen 2 x (200 x 70 cm)
Courtesy de kunstenaar en Monique Meloche Gallery, Chicago

vlak van representatie: schetsen, tekeningen, blauwdrukken, modellen. De opvatting van projectgebonden werken refereerde tevens aan de condities van productie en verspreiding van het kunstwerk in de jaren 1960 (nog een 'revolutionair' moment in de hedendaagse cultuur), alsook aan sommige ideeën die Alexander Dorner er op nahield toen hij El Lissitzky vroeg een tweede Demonstration Room te creëren (1928), als een manier om via het utopische tentoonstellingsmodel het tentoonstellings*format* zelf te bevragen. Dit zijn open vragen, waarop elk van de installaties in de tentoonstelling een eigen antwoord suggereert.

Onze keuze voor het huis als beeld binnen de tentoonstelling werd mede ingegeven

door het feit dat de meeste utopische projecten gemodelleerd zijn op schaal van de stad. Traditioneel functioneren het stedelijk patroon en het schema van de stad als blauwdruk van utopische modellen inzake sociaal en collectief gedrag. Toch ontstond in de twintigste eeuw een verschuiving van het beeld van de stad naar het beeld van het huis als site voor het uitwerken van utopische ideeën. Het huis werd de geprivilegieerde experimenteerruimte voor twintigste-eeuwse architectuur. De schaal van het huis garandeerde de haalbaarheid van die utopische ondernemingen: utopische constructies konden gematerialiseerd worden en buiten het domein van de representatie treden. Vanzelfsprekend bevat die gedachtegang een contradictie, want de kracht van de utopie schuilt in zijn mogelijke realiseerbaarheid. Eens gerealiseerd, buiten het veld van de representatie, is het niet langer utopisch of *ideal*. De kunstenaars werden gevraagd verder in te gaan op deze contradictie.
Daar we 'huis' te generisch vonden als vertrekpunt voor verder onderzoek, kozen we drie specifieke modellen: de *cushicle*, als voorbeeld van een nomadische schuilplaats, de sloppenwijk, als een dystopische reïficatie van de utopie; en het *Gesamtkunstwerk*, als een referentie naar de utopische ondernemingen van de Europese avant-garde. Deze drie modellen kunnen elk ook vanuit het perspectief van een mislukking gelezen worden.
Onze interesse voor architectuur, en meer specifiek onze keuze om kunstenaars uit te nodigen over de architecturale praktijk na te denken, beantwoordt aan een semiotische trend die reeds langer binnen het domein van de architectuur ingang vindt. Architectuur is gestadig van een programmatische basis in het ontwerp van een gebouw naar een projectmatige aanpak geëvolueerd. Volgens Umberto Eco vormt de architectuur een uitdaging voor de semiotiek in die zin dat de meeste architec-

turale objecten blijkbaar niet communiceren (en daar trouwens ook niet voor ontworpen zijn), maar functioneren.[5]

Apartamento 21, 2000
Carlos Julio Molina
Muurschildering

Het lijkt erop dat de architectuur die uitdaging in uiterste zin op zich heeft genomen en voortaan poogt om betekenismatig de rol van de artistieke praktijk op zich te nemen. In die evolutie heeft de architectuur het bouwwerk achterwege gelaten als een discursieve schakel om zich volledig op het project te richten om diens ideeën beter uit te dragen. In de mate waarin dit fenomeen daadwerkelijk heeft bijgedragen tot nieuwe invullingen van het begrip architectuur en kritische theorie lijkt ze desalniettemin artistieke grond te betreden. Die evolutie tekent zich heel duidelijk af in wat in de jaren 1960 het licht zag toen een contextuele interesse aan de basis lag van zowel de land-art, *site-specific* installaties als de institutionele kritiek. In een recent stuk over Thomas Hirschhorn identificeert Benjamin Buchloh ook deze trend om te besluiten dat in het licht van dit fenomeen 'eender welke radicale esthetische praktijk (sculpturaal of anders) zichzelf moet formuleren in een contesterende relatie, zelfs in een manifeste tegenstelling tot de architectuur'.[6] Die tegenstelling met de architectuur — wanneer ze begrepen wordt als een verheldering bij de verschuiving binnen de architectuur van een programmatische naar een louter semiotische aanpak — is een van de

vele constanten in het werk van het merendeel van de kunstenaars die werden uitgenodigd voor deze tentoonstelling.

In het kader van een tentoonstelling die
zich schijnbaar uitsluitend lijkt te richten op
'architectuur', is de hogergenoemde tegenstelling met 'achitectuur' in meerdere
kunstwerken een uitnodiging aan de bezoeker om na te denken over de Demonstration
Room, die op haar beurt weer kan gezien
worden als een architecturaal model. In dat
proces wordt ook de tentoonstelling als
format niet langer als een vanzelfsprekend
gegeven beschouwd en in vraag gesteld. In
die zin heeft een teruggrijpen op dit tentoonstellingsmodel een zekere experimentele
vrijheid geschapen die in andere omstandig-
heden niet mogelijk zou zijn geweest.

Demonstration Room: Ideal House werd op
vier verschillende plekken getoond onder
zeer uiteenlopende ruimtelijke institutionele
en culturele contexten. Het model van de
tentoonstelling heeft bewezen in staat te
zijn om verschillende culturele en contextuele bijzonderheden aan te kaarten, naast
aspecten die verband houden met de tentoonstellingspraktijk, zoals interpretatieve

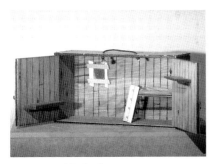

Country House, 2001 (detail)
Rita McBride
Hout, verf
18 x 66 x 12 cm

voorstellingswijzen, het tonen van repro-
ducties naast originele werken, simultaan
tentoonstellen, die traditionele noties van
het tentoonstellen in vraag stellen. Nog
belangrijker is dat het project ruimte bood
aan kunstenaars en hun werk om te functio-

neren als *agents of curatorial practice*, een
levende ruimte te worden om zo te zeggen,
'een ruimte die er niet alleen voor de ogen
is, niet een plaatje, maar een die geleefd
moet worden'.

Gesamtkunstwerk, 2000
Gabriel Kuri
Kleefletters

1.
Benjamin H.D.Buchloh, 'The Museum Fictions of Marcel Broodthaers',
Museums by Artists, ed. AA Bronson & Peggy Gale (Toronto, 1983).

2.
Robert Smithson, 'Cultural Confinement', in *The Writings of Robert
Smithson*, geciteerd door Craig Owens in 'From Work to Frame', in
Beyond Recognition. Representation, Power and Culture (Berkeley en
Los Angeles, 1992).

3.
El Lissitzky, *Proun Room*, Große Berliner Kunstausstellung, Berlijn,
juli 1923.

4.
De ideeën van Georges Bataille inzake de 'taken' van woorden, in
casu het woord 'architectuur', zijn bijzonder interessant. Met betrekking tot Bataille schrijft Dennis Hollier in zijn boek *Against
Architecture* dat 'when architecture is discussed it is never simply a
question of architecture [...] architecture refers to whatever there is
in an edifice that cannot be reduced to a building, whatever allows
a construction to escape form purely uttilitarian concerns [...]
Architecture, before any qualifications, is identical to the space of
representation.'
Dennis Hollier, *Against Architecture: The Writings of George Bataille*
(Cambridge MA en Londen, 1989).

5.
Umberto Eco, 'Function and Sign: Semiotics of Architecture', in
Rethinking Architecture, A Reader in Cultural Theory, ed. Neil Leach
(Londen, 1997).

6.
Benjamin H.D. Buchloh, 'Cargo and Cult: The Displays of Thomas
Hirschhorn' in *Artforum*, nov. (2001).

Demonstration Room: Ideal House

Jesus Fuenmayor

De tentoonstelling *Demonstration Room: Ideal House* is conceptueel schatplichtig aan moderne utopische voorstellen. In zoverre het modernisme kan getaxeerd worden als een poging tot opheffing van elk onderscheid, vertrekt de tentoonstelling vanuit de parallellen tussen de moderne ontwikkelingen in Venezuela en een ruime opvatting van het begrip 'utopia'. Deze parallellen worden specifiek gezocht in het domein van de hedendaagse kunst.

Twee vaststellingen kunnen vanuit El Lissitzky's model van de *Demonstration Room* gemaakt worden. Ten eerste maakt El Lissitzky's model de grote invloed duidelijk van de kunsten en in het bijzonder van het constructivisme op de moderne geschiedenis van Venezuela, in het bijzonder in het geval van de kinetische kunst. Van belang op dit vlak zijn vooral de experimentele pogingen tot integratie van uiteenliggende artistieke disciplines door de Venezolaanse constructivisten. Het project *Sintesis de las artes* van Carlos Raul Villanueva in de universitaire wijk in Carácas is voldoende bewijs van de invloed ervan in Venezuela. Het constructivisme werd niet overgenomen als stilistisch patroon, maar als een model dat toeliet om aan welbepaalde sociale noden tegemoet te komen.

De tweede vaststelling die kan gemaakt worden is verbonden met de politieke evolutie die Venezuela op dit moment doormaakt. De mogelijkheden tot modernisering die Venezuela zich doorheen de twintigste eeuw kon veroorloven dankzij diens olierijkdommen keerden radicaal in 1989. Een massa demonstranten kwam op straat om op gewelddadige manier een aanklacht te formuleren tegen een model dat de winsten van de olie-industrie niet kon delen en

verspreiden. Van dan af is het land door een opeenvolging van gebeurtenissen in een politiek radicale situatie beland die in het land zelf gekend staat als de 'bolsjewistische fase'. Ze wordt gekenmerkt door de recuperatie van een revolutionair discours en de wil een socialistisch Sovjetmodel te implementeren: het moderne voorstel van de tabula rasa met de bedoeling om elk onderscheid uit te roeien.

Uitgaande van de 'gelijkheid van tegengestelden', de moderne contradictio in terminis als een geprivilegieerd beeld voor de artistieke avant-garde, en uitgaande van de verschuiving van utopische dromen naar een individuele dimensie, was het onze wens om een geschiedenis van utopia's op te roepen door te vertrekken van het veronderstelde onderscheid tussen het museum en het huis. Dit voorgestelde onderscheid treedt bij *Demonstration Room: Ideal House* in de plaats van de stad die in regel verbeeld wordt als een utopische plaats voor welzijn.

HET HUIS EN UTOPIA

'Iedereen zal leven in z'n eigen kathedraal [...] er zullen kamers zijn die dromen meer efficiënt zullen opwekken dan eender welke drug en huizen waar men de liefde zal bedrijven. Andere zullen onweerstaanbaar verleidelijk blijken voor reizigers [...] de wijken van deze stad zou men kunnen zien als een waaier aan gevoelens waardoor men in het dagelijkse leven overvallen wordt.
De geïsoleerde, bevreemdende wijk, de gelukkige wijk (in het bijzonder gereserveerd voor huizen), de historische wijk (musea, scholen), de utilitaire wijk (ziekenhuizen, winkels), de sinistere wijk, enz.'[1]

Deze uiteenlopende utopische projecten verschijnen al vanaf Plato's Republiek en de toren van Babel. De uiteenliggende vormen die ze aannemen zijn oneindig divers maar

als een constante duikt daarin de meewarige toon tegenover het huis op. Van Pindaro en Diadoro a Campanela over Bacon stuurt de voorstelling van de ideale staat overwegend aan op de eliminatie van de domestieke ruimte als symbolische nucleus van het individuele welzijn. Wanneer we teruggaan naar de aanzetten van het Westers modernisme, dan vinden we de aanzet van de zoektocht naar idealen in het samenvallen van Thomas More — de opwinding om een reële ideale maatschappij te creëren — en de ontdekking van Amerika — een territorium dat in bijzondere mate geschikt lijkt voor die toekomst. In die convergentie botsen we op het feit dat — om dat utopia vorm te geven — in het merendeel van de gevallen een hoop wordt gesteld in het aanmoedigen van collectieve verbanden in tegenstelling tot een terugval op de individuele norm.

Bij het naderen van onze industriële *roots* — de maatschappij van gelijkheid, vrijheid en broederlijkheid — vinden we ook idealistische voorbeelden die de omgekeerde richting inslaan om te vertrekken vanuit het huis in zijn primitieve vorm. Van Charles Fouriers *Phalanstères* tot Robert Owens coöperatieve experimenten (zoals de vorming van het karakter), bevoordeelt de ideale maatschappij de gemeenschap en vormt ze de aanzet voor de opheffing van het klassenonderscheid. De herinnering aan Utopo's in goud badend sanitair (een voorbeeld van Thomas Mores methode voor praktisch onderricht) en ook Enfantin's 90ste sansimonische sociale hervorming onder het motto van de vrije liefde zijn van de door de utopische socialisten van de negentiende eeuw geleverde voorstellen, voorbeelden van het systematische verlangen om collectieve plaatsen te creëren. Ook in Engels en Marx' communistisch manifest vinden we zo'n voorbeeld:

'Deze fantastische voorstellingen van toekomstige samenlevingen die het licht zien in een tijdperk waarin het nog precaire prole- tariaat diens eigen situatie op een fantasti- sche manier inschat, hebben hun oorsprong in de aspiraties van de eerste arbeiders die met een diep ressentiment een volledige transformatie van het maatschappelijk leven verlangden. Deze socialistische en commu- nistische inspanningen bevatten ook kriti- sche elementen. De basis van de bestaande samenleving komt onder vuur. Op die manier werden belangrijke voorbeelden voor de arbeiders geboden. Hun positieve these die al verwijst naar een grootse samenleving met het verdwijnen van het onderscheid tussen stad en platteland, de afschaffing van de familie, van private inkomsten en van het salaris, de bevordering van de sociale harmonie en de omvorming van de staat tot louter de administratie van de productie. Heel die these kondigt het verdwijnen aan van de klassenstrijd die zichzelf begint te profileren en die nog niet volledig herkend wordt door diens stichters tenzij in nog verwarde en vage vorm.'[2]

Tussen de intentieverklaring om utopia af te schaffen door middel van het utopische verlangen naar de opheffing van de klassen- strijd en het teruggrijpen naar een proleta- risch bolsjewieke revolutie, is de tijdskloof minimaal. Deze periode bevat het samenval- len van de opkomst van het moderne archi- tecturale prototype en de opwaardering van het huis als een as van sociale ontwikkeling. Volgens Leonardo Benévolo begonnen in die revolutionaire periode midden negentiende eeuw, net voor het verschijnen van het com- munistisch manifest, de nog heersende monarchieën hun aandacht te richten op de noden van de werkende klasse en mecha- nismen te ontwikkelen om met moderne ste- debouwkundige patronen de stad van alle ideologische bijklanken te ontdoen. Op dat moment superviseerden zowel Napoleon II als de Koning van Engeland de constructie van ontwerpen voor de toen nog onuitgege- ven blauwdruk voor de wereldexpo.

Enige tijd later verschijnen El Lissitzky's modellen uit de sociale hervormingen van de negentiende eeuw. Zijn modellen trach- ten de relatie tussen toeschouwer en werk te verleggen door een interactief element te introduceren dat niet veel verschilt van de voorstellen die vertrokken vanuit het domesticale. Zoals Walter Benjamin ook stelt: 'Het interieur is de plaats waar kunst vlucht. De verzamelaar is de ware bewoner van dat interieur. Het is hij die er de zaken op orde stelt. Hij staat aan het hoofd van het Sisiphus koor, om het object van zijn warenkarakter te ontdoen en het om te vormen tot diens eigendom. Maar hij is enkel in staat om waarde over te dragen als liefhebber in plaats van gebruikswaarde toe te kennen. De verzamelaar droomt niet alleen van verre, afgelegen werelden maar ook van een betere wereld waar mensen niet slechts in hun noden worden gelenigd zoals in het dagelijkse leven, maar waar het de dingen vrij staat in hun taak om nuttig te zijn.'[3]

Dezelfde opheffing van het utilitaire treffen we zowel aan in de meest geëlaboreerde utopische projecten en de pogingen om deze te realiseren — de bewoonbare huizen van meesterarchitecten (van de Palladische villa's tot Mies Van der Rohes transparante woningen) — als in wat we normaal appre- ciëren — ten voordele van de creativiteit, of ten koste van de techniek — in de spontane architectuur voor de minder gegoede klasse.
Op enkele uitzonderingen na heeft het huis over het algemeen genomen als antithese van de vooruitgang gefunctioneerd. Voor de futuristen bijvoorbeeld, legde Antonio Saint Elia in 1914 in het Architectuurmanifest vast dat een huis om aan diens utopische verplichting tegemoet te komen zowel in vorm als functie de kenmerken van een machine dient te vertonen. Het moet verder ontdaan worden van alle decoratieve elementen die niet eigen zijn aan de gebruikte materialen. Het beeld van het

traditionele huis wordt door de futuristen onderuit gehaald wegens een gebrek aan simultaneïteit, monumentaliteit en machina- le eigenschappen die door de futuristen allemaal aan de moderne stad ontleend worden. Hetzelfde manifest bevat ook Saint Elia's meest radicale voorstel voor de hui- selijke omgeving dat bestaat uit het vervan- gen van de trap door een lift die zich bevindt aan de voorzijde van het huis met zicht op de straat — zoals in de meeste hui- zen worden machines verborgen in hoeken om hun bedreigend en viriel karakter te mil- deren. Het masculiene karakter van het huis — op dat moment een van de meest voor- uitstrevende en radicale Europese opvattin- gen — was voorbestemd om deel uit te maken van de opbouw van een nieuwe toe- komst. Deel van de notie over stedelijke uit- breiding, en gestoeld op diens opvattingen over het huis, stelt Saint Elia voor dat 'elke generatie zijn eigen stad moet bouwen'. Met die sloop wordt het huis voor Saint Elia — wanneer het bovenal als schuiloord begrepen wordt — een impertinent figuur.

Op dit punt is het noodzakelijk een onder- scheid te maken tussen de graad van bescherming die het huis kan bieden en deze die traditioneel geassocieerd wordt met een burcht of paleis. Ten koste van zovele para- bels waarin het huis optreedt als een burcht rond de menselijke intimiteit, vormt het paleis of kasteel de eigenlijke antithese van het huis. Het paleis op zich is een deconstructie van de schaal, de ruimtelijke relaties en de functionele organisatie van het huis. De beschermende waarde van het paleis heeft namelijk eerder betrekking op het bewaren van abstracte belangen als macht, politiek en ideologie. Omgekeerd wordt van het huis niet verwacht aan die functies tegemoet te komen of ervoor te beschutten om eerder als een ruimtelijke extensie van de natuur die in onze basisnoden voorziet, afstand te nemen van de beschavingsvooruitgang die in het begrip 'architectuur' geïmpliceerd wordt.

Doorheen de tijd sloeg de meewarigheid omtrent het huis om en werd het een mogelijke site om het ideaal van sociale vooruitgang te incarneren — Jean-Baptiste Bodins *Familistère* geldt hier als voorbeeld.[4] Voor *Demonstration Room: Ideal House* is het net op dit punt belangrijk om de rekbaarheid van het vooruitgangsbegrip ten opzichte van het huis te onderzoeken. De vanuit het centrale perspectief van een extreme vooruitgang veroorzaakte implosie van heden en toekomst sinds de industriële tijd, heeft geleid tot een reeks van onverenigbare terreinen.

In het eerste hoofdstuk van *The Writing of the Walls* bespreekt Anthony Vidler het primitieve karakter van het huis. Vidler wederverhaalt via een literaire legende de meest primaire *unit* van het schuiloord: 'Crusoë vroeg zich af wat voor beschutting hij zou maken, moet het een hol zijn in de grond of een tent boven de bodem; zijn oplossing voor dit dilemma — zowel een tent als een hol te bouwen — bevatte reeds een historische terugblik die een afronding vormt van de oorspongsverhalen sinds Vitruvius. Volgens Vetruvius waren er meerdere generaties nodig geweest om van het hol over de shelter te evolueren naar een met vegetatief materiaal overdekte hut. De criteria die Crusoë voor diens shelter stelt zijn zonder uitzondering modern en vormen een onmiddelijke parafrase van Wottons fysische, economische en optische condities die als maat dienen voor de site van een bouwwerk… alsof hij Wotton stap voor stap toepaste zocht Crusoë een plek met drinkbaar water, bovendien geventileerd, beschut voor direct zonlicht en hongerige dieren en met zicht op zee. De uitgekozen vlakte beantwoordde aan al deze eisen […] stap voor stap werd de defensieve schuttingwand omgevormd in de façade van een uitgebreide woning van overhangende bladeren op de klif die hij bedekte met stro. Om het hol te vergroten bouwde hij dragende structuren en muren […] op die manier

werd Crusoë's hut een gesofisticeerd bouwwerk, met de nodige aandacht voor architecturale vooruitgang en voor de meer algemene geschiedenis van de vooruitgang.'[5]

Met betrekking tot het huis dat tot dan toe enigszins verwaarloosd was als vertrekpunt voor utopische speculaties, slaat Arnold J. Toynbee in *Cities on the Move* een radicaal andere richting in dan waar theoretici en sciencefiction auteurs tot dan toe toevlucht hadden gezocht. Een nieuw utopia, dat verwant is met H.G. Wells, ziet het licht. Toynbee geloofde in een urbanisatie van de toekomst, de Ecumenopolis, die zoals de Usonische proporties van Wells het rurale tegen het urbane tracht uit te spelen en te verwarren. Toynbee baseert zijn voorstellen voor een stad op schaal van de wereld op een reeks vaststellingen waaronder ontaarde projecties van vooruitgang in bijvoorbeeld de marginale wijk (wanneer deze opgevat wordt als een optelling van de meest zuivere wooneenheden). Toynbee zet dit als volgt uiteen: 'een aspect dat we geneigd zijn over het hoofd te zien maar moet bewaard blijven zijn de sociale of marginale wijken. We kunnen niet zonder de lagere buurten of de spoorweg, hoe triest en verouderd ze ook mogen zijn. Een lekkend dak is beter dan geen dak. Per trein reizen is beter dan niet. We moeten nieuwe huizen bouwen en de oudere heropfrissen om op die manier niet komaf te moeten maken met een zo groot mogelijk aantal huizen of middelen op een foute manier te investeren in het neerhalen van bestaande gebouwen, in het bijzonder als we de huizen afbreken die door de armen bewoond worden om terrein te ruimen voor huizen voor rijken.'[6] De affectieve dimensie van het individualiseringsproces van utopia's, dat onmisbaar is in een doorzicht in het proces waarin het huis een protagonistenrol vervulde, wordt onderlijnd door Guy Debord: 'Het is noodzakelijk dat ruimtelijke ontwikkeling aandacht schenkt aan de affectieve

wereld om door de experimentele stad gestructureerd te worden. De architectuur moet een opening creëren naar emotieve situaties in plaats van emotieve vormen. Uiteindelijk zullen deze onafwendbare beproevingen van die nieuwe mentaliteit leiden tot op heden nog ongekende vormen.'[7] De gevolgen van deze nieuwe tijd/ruimte die zich leent voor projecties, die Ortega y Gasset gebruikte om het onderscheid te maken met een fictieve horizon waarin een voorgesteld utopia intentioneel wordt opgebouwd om een realiteit te beïnvloeden, zijn moeilijk om te voorspellen. Het is een nieuwe dimensie gekenmerkt door het falen van het zuiver speculatieve.

1.
Gilles Ivain, 'Formulaire pour un urbanisme nouveau', in *Internationale Situationniste* n° 1 (1958).

2.
Leonardo Benévolo, *Orígenes del urbanismo moderno, Capítulo II, La Época de las Grandes Esperanzas* (Madrid, 1979) 112–113.

3.
Benjamin, Walter, 'Paris Capital of the Nineteenth Century' (1935) in *Charles Baudelaire: A Lyric Poet in the Era of High Capitalism*, (Londen en New York, 1989).

4.
Volgens Leonardo Benévolo beschouwde Bodin het huis als een machine en liep deze vooruit op de ideeën van Le Corbusier.

5.
Anthony Vidler, *The Writing of the Walls* (Princeton, 1987).

6.
Arnold J. Toynbee, *Cities on the Move* (New York, 1970).

7.
Guy Debord, 'Rapport sur la construction de situations', in *Internationale Situationniste* July (1957).

Installatiezicht *The Big Show*: *Healing*, NICC Antwerpen (2001)

ACKNOWLEDGMENTS

The NICC benefits the support of:
Flemish Community
Province of Antwerp
City of Antwerp

THE BIG SHOW benefits the support of:
Flemish Community
Ministry of Foreign Affairs, Belgium (DGIS)
ifa
Pro Helvetia
Coutts Bank Switzerland Ltd.
Flick Collection

BOARD OF THE NICC

We would especially like to thank the artists, the authors, the curators, and Frank Herreman from the Museum for African Art, New York.
We would also like to thank: Alexander and Bonin, New York (Carol Alexander, Ted Bonin, Claudine Nuetzel) – Apexart, New York (Heather Felty) – Ashiya City Museum of Art and History, Ashiya (Koichi Kawasaki) – Atelier Van Lieshout, Rotterdam (Nous Faes) – Jackie Billiau – René Block – Victor Bol – Rune Brito – Eddy Boutmans – Camilo Caceres – A. Caraballo – Center for Creative Photography, Arizona (Diane Nilsen) – Axel Claes – Jo Crepain – Bert Danckaert – Klaartje De Bonnaire – Robert Del Principe – Joke Desmedt – Zjuul Devens – Lobke Devos – Gael Diercxsens – Documenta Archiv, Kassel (Antje Malec, Petra Hinck) – Yves Dricot – 't Elzenveld, Antwerp – Johannes Fabian – Steph Feremans – Fire Department, Antwerp – Foksal Gallery, Warshaw (Adam Szymcyk, Joanna Mytkowska) – Galerie Annie Gentils, Antwerp – Tina Gillen – Camilo Gonzalez – Marian Goodman Gallery, New York & Paris (Emily Griffith, Elaine Budin) – Alejandro Haiek – Galerie Hauser & Wirth & Presenhuber, Zurich (Eva Presenhuber, Sabine Ruehle) – Philippe Huyghe – André Janssens – Jean-Paul Jungo – KJP Calumet, Antwerp – Anneliese Kluge – Sabina Korfmann-Bodenmann – Gabriela Linares – Lisson Gallery, London (Elly Ketsea) – Ellen Loots – Dieter Machielsen – Ives Maes – MuHKA Museum van Hedendaagse Kunst, Antwerp (Flor Bex, Ronald Van de Sompel, Bart Baes) – Jan Meersman – Monique Meloche Gallery, Chicago – Eva Meyer-Hermann – Vita Mikhailov – Wladimir Moszowski – Kris Motmans – Museum für Moderne Kunst, Frankfurt (Mario Kramer) – Zoe Naletto – Yasmine Nessah – NRK Radioarkivet, Oslo (Kristin Brathen) – Patrick Otten – Papermill, Antwerp – Saskia Paul – Steffen Peelmans – Ada Peña – Fernando Perez – Fundación Claudio Perna, Caracas – The Photographers' Gallery, London (Camilla Jackson) – Pioneer Benelux – De Pont stichting voor hedendaagse kunst, Tilburg (Hendrik Driessen, Esther Lampe, Jenny Fens) – Sarah Poot – Produzentengalerie, Hamburg (Jürgen Vorrath, Jacqueline Todd) – Niko Renson – Joris Ribbens – Rijksakademie voor Beeldende Kunst, Amsterdam – Oriana Romero – Galerie Thaddaeus Ropac, Paris (Elena Bortolotti, Eric Mircher) – S65, Aalst – José Luis Sanchez – Ismael Sanoja – Dirk Schutyser – Joris Sels – Jack Shainman Gallery, New York (Jack Shainman, Judy Sagal) – Tommie Simoens – Nancy Slangen – Mike Sleecxs – Sonnabend Gallery, New York (Laura Bloom, Jason Ysenburg, Queenie Wong) – Kevin Eugene Smith – Sony Hifinesse – STAMPA, Basel (Gilli Stampa) – Boy & Erik Stappaerts – S.M.A.K. Stedelijk Museum voor Aktuele Kunst, Gent (Jan Hoet, Rom Bohez, Giel Vandecaveye, Tony Waterschoot, Eva Wittockx) – Galerie Micheline Szwajcer, Antwerp (Isabelle Grynberg) – Jack Tilton – TimePix, New York – T.O.P. Office, Antwerp – Gaiska Torrealba – University of Oslo (Marit Hammersmark) – Philip Van Bogaert – Philippe Vandamme – Freddy Vandekerckhove – Ronny Van de Velde – Karel Vanderelst – Barbara Vanderlinden – Jan Van Eyck Akademie, Maastricht – Johan Vanhaevre – Vanessa Van Obberghen – Bruno Van Orshoven – Jos Van Rillaer – Katleen Venneman – Jan Verlinden – Video Databank, Chicago (Kate Horsefeld, Dara Greenwald) – Eduard Vincke – Vooruitzicht, Antwerpen – dhr. Vromant – Thomas Wallner – Tom Watelle – Lawrence Weiner Studio, New York – Etienne Wynants – Donald Young Gallery, Chicago (Donald Young, Maureen Pskowski, Emily Latour, Rebecca Epstein) – Zeno X Gallery, Antwerp – Galerie Serge Ziegler, Zurich – David Zwirner Gallery, New York (David Zwirner, Angela Choon, Amy Davilla) – and all those who wish to remain anonymous

COLOPHON EXHIBITION

Concept/Artistic Director: Wim Peeters

The idea for THE BIG SHOW grew out of lively discussions with
Philip Aguirre, Carla Arocha, Philippe Pirotte and Luc Tuymans.

Realization:
Artistic Coordination: Win Van den Abbeele
Technical Coordination: Stephane Schraenen
Administrative Coordination: Ann Venneman
Assistant: Evelyn Van Rentergem
and Ann Bellefroid, Veronique Depiesse, Yasmine Kherbache, Kate Mayne,
Patricia Peeters, Astrid Van Ingelgom

THE BIG SHOW
A CONGO CHRONICLE — A MAN OF MERCY
15 April – 3 June 2001

Curator: Wim Peeters

A Congo Chronicle was previously shown at the Museum for African Art, New
York (1999). The exhibition was conceived by Bogumil Jewsiewicki in collaboration with the Museum for African Art, New York.

*A Man of Mercy: Africa's Misery Turns Saintly Albert Schweitzer into a Driving
Taskmaster* was conceived by W. Eugene Smith as a photo essay, published in
Life magazine, XXXVII 20 (November 15, 1954): 161–172.

THE BIG SHOW
HEALING
24 June – 2 September 2001

Curator: Wim Peeters

THE BIG SHOW
DEMONSTRATION ROOM: IDEAL HOUSE
23 September – 25 November 2001

Curators: Jesus Fuenmayor and Julieta Elena González

Demonstration Room: Ideal House was previously shown at the Museo Alejandro
Otero, Caracas (2000) and Apexart, New York (2001).